重新定义连接

——企业API战略与实践指南

马红宇　王　颖　潘卓佳　等　著

中国金融出版社

责任编辑：张清民
责任校对：张志文
责任印制：程　颖

图书在版编目（CIP）数据

重新定义连接：企业API战略与实践指南/马红宇，王颖，潘卓佳等著. —北京：中国金融出版社，2019.10
ISBN 978-7-5220-0184-5

Ⅰ.①重…　Ⅱ.①马…②王…③潘…　Ⅲ.①企业管理—应用软件—程序设计—指南　Ⅳ.①F272.7-62

中国版本图书馆CIP数据核字（2019）第146397号

重新定义连接——企业API战略与实践指南
Chongxin Dingyi Lianjie——Qiye API Zhanlüe yu Shijian Zhinan

出版
发行　中国金融出版社
社址　北京市丰台区益泽路2号
市场开发部　(010)63266347，63805472，63439533（传真）
网 上 书 店　http://www.chinafph.com
(010)63286832，63365686（传真）
读者服务部　(010)66070833，62568380
邮编　100071
经销　新华书店
印刷　保利达印务有限公司
尺寸　169毫米×239毫米
印张　12.75
字数　170千
版次　2019年10月第1版
印次　2019年10月第1次印刷
定价　42.00元
ISBN 978-7-5220-0184-5
如出现印装错误本社负责调换　联系电话（010）63263947

序

关于企业级连接，我想了20年，也做了20年。这20年来，连接技术一直在迭代和进化。

1997年，在IBM（中国）当产品经理的我第一次接触企业级连接。

那一年，我们销售给中国的银行机构很多高端服务器，在这些服务器上都运行着一个被称为Merva的软件。中国的银行机构通过Merva系统连接到国际银行间结算网络SWIFT。基于这个连接，中国的银行机构可以与全球的银行同业进行业务交易，而且结算的速度也得到了大幅提升。

我不懂银行的结算业务，但我懂我的客户。看到他们在完成第一笔交易时欣喜若狂的样子，我第一次认识到连接对于企业原来如此重要。

2000年，我在而立之年离开IBM，创建了新保科技（上海）有限公司（以下简称新保科技），从此开始致力于帮助中国的企业建立连接，而且一干就是20年。

20年弹指一挥间，今天回头看看，心生无限感慨。

20 年里，我们研发有关企业连接的技术，开发出一系列的企业级连接软件平台，服务于几十家大型企业，实施了几百个企业连接项目。我们为中国保险行业编制了四部连接标准，这些标准后来都成为国家标准。更让我们欣慰的是，我们帮助企业客户捕捉到企业互联网的机遇，使其通过连接实现了高速发展。

我们帮助大型银行和几十家保险公司连接，让银行的每一台柜台终端都可以处理保险业务。今天在银行 APP 里不仅可以直接投保各种险种，还可以查询保单的现金价值和理赔状态。

我们帮助大型保险公司与保险中介实现了连接，使客户在 15 年前就可以在机场现场购买航空意外保险，今天客户甚至在手机 APP 上购买机票的同时就可以购买航空意外保险。

我们帮助保险公司与各地的社保体系连接，让很多城市可以在社保的基础上，进一步推广大病统筹医疗保险。现在保险公司还可以基于社保赔付的情况确定补充医疗保险理赔金额。

我们帮助大型啤酒企业与批发商连接，让其实时掌握批发商的库存情况，及时了解哪些是热销产品，哪些产品处于滞销状态。

我们帮助大型房地产企业总部与全国数百个房地产项目连接，让楼盘的销售和回款情况可以实时汇总到总部，使其对上千亿元的资金可以更加有效地进行管理。

我们帮助大型奶制品企业与包装企业连接，让包装企业可以得到实时的通知，从而知道该准备多少纸质奶盒，让奶制品的生产线和包装盒的生产线实现无缝对接。

我们帮助国际著名的医药企业与区域药品分销商连接，让其可以对各地的药品库存情况了如指掌，不会出现因为过长的进口周期而导致市场断货的情况发生。

我们帮助大型汽车企业与配件供应商连接，让其可以把汽车的生产计划与座椅配件供应商分享，这样座椅的生产计划将会更好地得到安排。

在我的认知中，连接从来就不是单纯的技术手段，连接更不仅仅是为了把不同的系统连接起来，尤其是在今天的互联网时代，连接的定义远远超越了技术范畴。

企业通过连接参与到商业生态网络中，使企业的商业价值通过网络效应得以充分放大。在数字时代，只有那些已实现充分连接的企业才有未来。

既然我们要重新定义连接，那企业又该如何通过连接来推动业务发展和实现愿景呢？企业 API 战略也许就是最佳答案。

所谓 API，就是应用程序编程接口（Application Programming Interface，API），其本身并非什么新事物。

30 年前，我当程序员的时候，就已经开始使用 API 作为软件系统之间调用的方法和数据交换的模式；20 年前，API 的典型应用场景是 EDI 和类似于之前的 SWIFT 结算体系；10 年前，API 在企业内部的系统集成领域也被广泛应用；而近年来，API 更是在企业互联网领域蓬勃发展，其不但推动了现代软件的模式演进，而且加快了商业模式的创新和商业生态的构建。

新保科技专注于企业连接20 年，也与我们的大型企业客户一起实施企业级 API 20 年。正是从这些客户以及数不清的 API 项目实践中，我们获得了很多认知、知识、经验和教训。

分享这些认知、知识、经验和教训，让有计划应用 API 实现数字化转型升级的企业少走弯路、少犯错误、少花时间、少浪费钱，是我们撰写《重新定义连接——企业 API 战略与实践指南》的真实目的。这也算是我们除为客户提供技术和服务外，还可以尽到的一点儿微薄之力吧。

与我一起撰写本书的还有新保科技的几位同事：总经理王颖，新保科技的联合创始人，麦肯锡原业务咨询顾问；副总裁潘卓佳，新保科技的合伙人，负责业务发展和市场销售；CTO 张驰，新保科技的合伙人，负责主持大型项目和研发的技术体系；黄飞，新保科技的合伙人，企业级 API 首席架构师。没有他们的支持和帮助，我无法在这么短的时间里完成这部书稿。

新保科技（上海）有限公司董事长　马红宇

2019 年 3 月

前言

早在计算技术诞生之初，应用程序编程接口（Application Programming Interface，API）就已经存在了。这样算下来，API 已经有近 70 年的历史。

在最近的 20 年里，API 的发展速度越来越快，技术能力日益增强，应用范围也越来越广泛。

1960—1980 年是计算机技术发展的初期。当时，API 主要用于机构内部，是应用程序之间数据交换和功能共享的技术手段。应用程序基于网络连接，通过调用彼此的 API 来完成一些简单的操作。

1980—1990 年，API 升级为机构间互联互通的重要手段，不但交换的信息更加丰富，而且可以实现复杂的业务流程。沿用至今的企业 EDI 就是当时典型的 API 应用。

1990—2000 年，企业应用系统越来越多，API 被作为主要的技术，在企业系统集成中发挥着重要作用。随之诞生的一些新技术理念，包括消息驱动的中间件、企业服务总线和面向服务的架构（SOA），其中随处可见 API 的身影。

自 2000 年以来，API 超越了技术的范畴，越来越多地被赋予商业价值，普遍被企业用来推动业务创新和商业生态的发展。

今天，API 已经成为企业数字化转型升级的重要驱动力，受到了前所未有的关注和重视。

在著名的 API 媒体网站 ProgrammableWeb 上，我们可以看到，API 数量已经超过 2 万个，覆盖数十个行业，包括 3994 个电商类 API，3856 个支付类 API，1354 个政府类 API，可以说是包罗万象，应有尽有。

更重要的是，今天大家对 API 的认知，已经不再仅局限于技术范畴，而是把 API 看成是业务的发展动力、新兴的分销渠道、企业创新的延伸平台和商业生态的连接纽带。

众所周知，应用系统和数据资源是今天企业发展的基石和资产。然而长期以来，应用系统和数据资源又似乎只归属于 IT 部门。传统上，人们也将应用系统之间的信息共享和数据交换看成单纯的技术问题。

伴随着计算技术的应用和普及，系统互联互通的需求更多是来自业务流程的复杂化和商业生态的发展变化。这也正是企业 API 高速发展的主要推动力。作为高效的应用封装和数据共享的方法，API 有效地解决了系统间的能力整合和数据交换的问题。

不过传统企业的思维模式和观念的转变，并没有想象得那么快。即使在今天，API 仍然经常被看作单纯的技术工具，认为 API 不过是传统 EDI 和 SOA 的升级版。

很多企业仍然固守着过时的思维模式，尽管有的企业使用了最新的 API 技术平台，却局限在解决系统连接和数据整合之类的问题。这显然没有充分地发挥现代 API 的真正价值和潜力。

网络时代的今天，颠覆式创新频现，技术的推陈出新每天都在发生。创建全新的数字化商业生态体系，才是企业战略的核心目标。因此，如何快速地开发应用系统，如何快速地响应市场需求，迫在眉睫。

成功的企业已经把 API 提升到企业整体战略层面，并进行统一的规划。企业 API 战略绝不仅仅是技术战略，而是企业整体战略的重要组成部分，也是决定企业未来能否引领市场发展和构建生态体系的必要条件。

那么，如何才可以确保企业 API 战略的成功呢？我们可以先看一看那些成功的企业，它们对 API 都有哪些好的思维习惯和方式方法。

成功的企业通常采取“API 优先”的方式开发 API。它们首先让业务负责人明确 API 的具体需求；其次，业务负责人与 API 架构师一起设计 API 接口的规范；最后，API 架构师才和开发人员开发 API 的底层程序。所谓“API 优先”，简单地说就是先设计 API 接口，再开发内部代码。

“API 优先”是 API 最佳实践的简单框架。之所以采用“API 优先”的方式开发 API，是为了让企业先关注业务层面的问题，而不是一开始就注意那些具体的技术实现细节。

成功的企业选择成熟的 API 管理平台。API 设计开发出来后，就可以部署在 API 管理平台上。API 管理平台对于 API 战略的成败至关重要。成熟的 API 管理平台才能确保企业 API 服务的更可靠、更稳定，同时兼具灵活性和可扩展性。

那些成功的企业通常不会基于开源代码自建 API 管理平台。它们强调的是更稳定、可靠，强调的是更快更好地创造商业价值，而不是追求时髦的技术。

成功的企业还会考虑 API 管理平台的混合部署能力，既要可以在云端部署，也要能够独立地在本地部署。另外，API 管理平台的调度能力也是一个重要的考量因素。

成功的企业会建立统一的企业 API 目录。构建统一的企业 API 目录，是落实 API 战略的重要步骤。有了完善的 API 目录，应用开发者才能方便地找到企业 API。

成功的企业会准备完善的 API 文档。好的 API 文档可以帮助应用开发者更好地了解和使用 API。API 业务负责人和 API 架构设计师还会经常与开发者沟通，确保他们对企业 API 有充分的了解，并在出现问题时及时提供帮助。

成功的企业重视 API 的版本、规则和合约的管理。跟踪 API 的版本可以让企业对 API 的运营更加了解。这些数据有助于企业对 API 的生命周期进行管理，并在企业安排 API 的上架、下架计划时提供决策支持。

规则和合约是部署企业 API 安全体系和服务水平协议的重要依据，比如 API 的访问授权、适用的规则及价格。完善的 API 管理平台都会为企业提供相应的工具。

成功的企业不但会开发 API，更会推广 API。API 发布出来就会有开发者来使用吗？我们要是这么想，就大错特错了。成功的企业都会打造一个 API 开发者门户，并建立开发者社群。在 API 开发者门户平台上，应用开发者可以方便地找到所需要的 API 并下载相关的文档，而且还会获得服务与支持。另外，企业还会积极地组织各种活动，甚至制定诱人的激励政策，来鼓励开发者使用 API。

成功的企业实时监控 API 的运行情况。企业实时了解 API 的运行状况非常重要。此外，企业还要了解开发者使用 API 的实际情况。

通过多维度的指标，成功的企业在API管理平台上可以全面地监控API，从而确保API更好地为企业创造商业价值。

成功的企业会不断更新迭代API。随着市场不断快速变化，科技也在不断发展，企业API更要与时俱进。

成功的企业在落实API战略时，确实有一些好的思维习惯和好的做事方法。不过，企业API战略落实确实不是一件容易的事情，从思考到规划，到建设，再到推广，这是一个复杂的系统工程。

《重新定义连接——企业API战略与实践指南》力图为企业管理者提供企业API战略的框架和具体的实践方法，而不是泛泛地进行理论空谈。

本书尽量避免涉及具体的技术问题和技术术语，因为API技术只是API战略价值的一小部分。API已经被重新定义，被赋予更多的商业内涵。

API确实是连接的技术手段，只是今天API连接的，已经不仅仅是系统和数据。API连接的是商业生态，API连接的是数字企业的愿景，API连接的是企业的未来。

目　录

第一部分
企业 API

在竞争日益激烈的环境中，企业只有实现数字化转型升级，才可以更加敏捷地应对市场变化、提升运营效率、改善盈利能力。作为企业数字化战略核心的 API，正在发挥着越来越重要的作用。

正如著名创业公司 Twilio 的创始人 James Parton 所说的：“API 正在成为数字经济的驱动力。忽视 API 价值的企业必将被淘汰。”

过去的 10 年里，API 不但改变了企业资源重用和信息共享的方式，甚至成为企业的业务拓展工具和全新的分销渠道，并为企业持续地创造新的收入来源。

要想进一步发挥 API 的战略价值，企业管理层要把 API 纳入公司的整体战略，用以指导企业发展和运营的决策。

无处不在的API

应用程序编程接口（Application Programming Interface，API），这个听起来非常有技术含量的词语，实际上已经融入我们生活的方方面面。

如果你曾经使用过iPhone的语音助理Siri，或者通过手机银行APP查看过银行账户，又或者使用过CRM的小程序“即聊名片”扫描识别过客户名片，那么API就已经在为你提供服务了。

每一句和Siri的对话语音其实都要先被数字化，然后通过调用云端的Siri API上传到iCloud。所有的数据分析和回复内容首先在云端完成，再由API返回到用户的手机上。

银行用户每一次点击“查询账户信息”的按钮，手机银行APP也会调用银行云端的API，API会连接银行内部的账户系统查询余额，然后再将账户余额数据回传给手机银行APP。

而“即聊名片”小程序在获得客户名片的图像后，就会调用腾讯云的名片识别API来上传图像。从云端取得识别数据后，小程序再将结果展示给用户。如果用户要保存这个新联系人到CRM系统，“即聊名片”还会调用Salesforce的API，将信息上传到云端的Sales Cloud。

API实际上就是给应用程序提供服务的界面，只不过这个界面是给机器和代码用的。API并不需要图形界面，API的界面比电脑和手机屏幕小得多，实际上是小到无形的。但也正因如此，API可以无处不在。API通过嵌入成千上万的应用软件，让商业价值进一步放大，让创新突破边界。

所谓企业 API，顾名思义就是企业对内对外提供的 API。通过 API，企业可以和客户、合作伙伴和独立软件开发者连接在一起，更加安全快捷地输出业务能力、共享数据资源乃至构建全新的商业生态。

在数字化时代，如果对 API 的理解仅仅局限在技术范畴，那么就严重低估了 API 的战略价值。对 API 的认知一定要扩展到业务范畴。API 代表企业服务能力的延伸以及企业新业务的拓展，也代表企业的市场竞争力和业务创新优势。

企业API 的发展趋势

近年来，企业 API 的发展趋势迅猛，API 的战略价值和重要性也日益得到企业的重视。

互联网原生企业的 API 发展

互联网原生企业很早就认识到 API 的战略意义。随着移动 APP 的爆发，API 不但成为这些企业高速发展的重要技术基础，而且成为业务创收的主要来源。

比如，著名的 CRM 云服务公司 Salesforce，其超过 50% 的业务收入来自 API 渠道；而著名的旅游公司 Expedia，其超过 90% 的营业收入来自 API。

从 2013 年开始，著名的科技公司也开始大规模收购与 API 相关的技术企业。英特尔以 1. 8 亿美元收购了 Mashery；冠群收购了 Layer 7；微软收购了 Apiphany。2018 年，Salesforce 更是耗资 65 亿美元收购了顶尖的 API 平台公司 MuleSoft。

传统企业的 API 发展

随着 API 商业价值的显现，API 已经不仅是互联网企业的关注点，很多传统企业也对 API 重视起来。

在电信行业，1/3 的电信运营商对外发布了 API，并主动和开发者紧密合作。大型电信运营商 AT&T 和 Telefonica 不但允许合作伙伴通过 API 访问自己数以亿计的数据，还通过收费 API 获得新的业务收入。

随着电子健康记录（EHR）的普及，API 在健康医疗领域也得到蓬勃发展。作为支付者角色的保险公司，已经将 API 应用于这个领域。安泰保险（Aetna）通过 CarePass API 服务超过 2000 万名会员患者。在快捷分享信息的同时，API 也确保了医疗支付审批流程的一致性。

此外，在医疗健康领域还出现了一些类似 Twilio 的创业公司。它们通过 API 提供承保信息确认服务，让患者的就医体验获得大幅提升。

零售行业更是 API 应用的大市场。伴随着移动应用的爆发，电商平台来自移动 APP 和 API 的业务收入也在迅速增长。

大型零售企业不但通过 API 改善了客户的购物体验，还开始支持外部的应用开发者，利用其 API 开发出更多的创新应用，比如产品搜索和店面定位。通过 API 实现互联互通，零售企业也在尝试基于整合的数据和信息，打造全新的零售模式。

比如，美国政府也开始引领 API 的大潮。美国原总统奥巴马曾经颁布命令，要求政府机构要以“开放的、机器可以阅读的 API 形式”为社会提供相关的数据。①

① https://obamawhitehouse.archives.gov/developers.

数字化企业

API 对企业的数字化转型升级越来越重要。基于 API 的新一代信息系统，可以帮助企业更加及时地响应市场需求并快速地推陈出新。

数字时代的市场环境

每天都有新的用户和数字设备接入互联网。现在联网的移动设备数量已经超过全球人口的总数，而且还在继续增长。企业只有做好充足的准备，才能在今天的数字淘金时代中捕捉到商机。

今天不仅仅是联网设备的规模大，设备的多样性也是前所未有的。厂商不断地推出各种屏幕尺寸的手机和平板电脑，可穿戴设备市场上更是出现了形形色色的新品种，包括智能手表、智能眼镜、智能运动鞋等光怪陆离的新产品。

日益提升的客户期待值

人们的生活方式也越来越数字化和社交化。

用户一方面越来越倾向于使用自助式服务，另一方面又期待产品和服务可以即时交付。

客户希望可以在任何时间、任何地点利用任何设备看到喜欢的内容。比如，客户希望在电视上看到一件喜欢的新款时装的时候，可以一边吃着用手机点的外卖，一边用平板电脑把这件衣服买下来。公司员工希望可以带着自己的移动设备到公司上班，用自己的设备查询企业信息。销售人员希望不仅可以通过公司的笔记本电脑使用 CRM 系统，还可以在路上用自己的手机查询客户信息。

不断涌现的新机遇

现在，无处不在的连接和迫切的信息需求让企业“患上”了数字焦虑症。

随着数据量越来越大，信息的形式也变幻莫测，而数字化交互又日益频繁。那么，如何提供数据，又如何捕捉、分析这些数据，是今天企业面临的机遇和挑战。

试想一下，企业如何基于精准的预测分析改善营销策略呢？在传统的实体店面，企业如果想了解客户对产品的印象，必须通过市场调查和主观评估。而在数字渠道中，企业可以实时地获得非常量化的信息。客户浏览了哪个产品、看了多久、更关注产品信息的哪个部分，通过数字渠道一览无余。如此精准的信息，可以让企业实时地作出响应，让营销效果大幅提升。

今天，丰富的数据给企业带来洞察市场和提升客户服务体验的机会。但是，如果缺乏信息获取、聚合和分析的能力，企业还是无法真正地捕捉到这些机遇，也无法将其最终转换成商业价值。

快速变化的价值链

API 之所以重要，是因为 API 不但可以让企业抓住机会，而且可以免受技术创新过速带来的负面影响。在新技术不断涌现的同时，既有的数字资产和遗留的系统也在逐年增加。API 可以作为企业连接、整合新旧系统和资源的纽带，起到承上启下的关键作用。

客户对于产品服务展现的多样性要求越来越高。昨天是网页应用，今天是移动 APP，明天不知道又会是什么网络设备。只有灵活地将企业资源有效地整合在一起，才能够快速地应对日新月异的新需求。

无论是企业的合作伙伴，还是独立的软件开发者，其将企业 API 嵌入自己的应用系统内，实际上就是企业价值链的再一次延伸。

提升内部效率和敏捷性

API 之所以受到重视的另一个原因，是 API 可以切实地提升企业内部的效率和敏捷性。而实际上，超过 49% 的 API 开发者表示，其开发的 API 是用于内部系统的。

想一想，企业日常已投入多少人力、物力和财力，仅仅是为了维护财务系统、库存系统、物流系统、人力资源系统和 CRM 系统？也可以问一问企业的 IT 人员，他们每天花费多少精力在系统之间做数据分析、数据格式转换和各种协议的映射？而现在，企业通过 API 可以非常高效地将这些系统整合在一起。

改善内部流程

很多企业已经开始基于 API 平台来改善内部系统的运营。API 的易用性和标准化，使其更容易被开发者使用，同时也让信息更方便地实现共享。

假设企业可以使用佣金系统的佣金结算 API，而不是在各个业务系统中复制佣金计算逻辑，那么企业在月末的结算压力会小得多。与此同时，使用佣金结算 API，还可以简化佣金结构调整带来的维护工作。企业只需要对佣金系统本身作修改，所有使用 API 的相关系统就会自动调整，而不需要到处去做系统的需求变更。

提升运营效率

除了改善内部流程，提升运营效率也是 API 的重要价值体现。

一家世界 500 强的啤酒企业在新保科技的帮助下，构建了内部 API 平台。这个平台将销售自动化系统、数据仓库、物料管理系统、订单管理系统、财务系统等主要的内部系统连接起来，使运营效率明显提升。现在该公司的销售人员在销售自动化系统中，可以直接查询到一张啤酒订单的全部相关数据。

降低 IT 成本

一方面，多年来，大型企业的 IT 建设会有很多的遗留系统。通过 API 将这些系统封装起来，就可以让老系统物尽其用，而不是一次又一次地将其推倒重来。

另一方面，企业 API 可以被充分地共享和重用，尤其是那些系统资源层的 API，可以被不同的业务流程和用户体验层的 API 进行各种组合。企业 API 平台可以使连接简化，显著地降低 IT 的开发成本。

全渠道覆盖

API 之所以流行起来的另一个原因，是 API 技术的易用性和低学习门槛。在速度尤为重要的今天，API 技术的易用性使连接的周期变短，普及起来也更方便。

20 年前，网站曾经是用户访问互联网的唯一渠道，每家企业都曾经热衷于用一个“. com”的域名和网站作为其拥抱互联网的重要标志，也曾经有大量的媒体和书籍大肆渲染所谓的“. com 时代”。

近 10 年来，随着智能手机的推出，移动 APP 成为主流渠道，各式各样的 APP 层出不穷。有人到处炫耀手机上有多少 APP，以此表示自己的科技时尚品位。所以企业也不得不开发移动 APP，来满足客户新的喜好。

这 5 年来，以智能手表为代表，智能可穿戴设备又开始蓬勃发展。这些产品既方便又贴身，让客户爱不释手。智能手表有很多小应用，比如旅游企业开发的手表 APP，可以及时地提示客户航班信息。

近两年，微信小程序和其他各种社交平台上的小程序又开始涌现出来。企业不支持小程序似乎成为落伍的表现。

不仅是这些，还有智能运动鞋、智能手环甚至智能心脏监测设备，互联网已经开始从通过屏幕连接人，发展到通过 API 连接设备，最后到通过 API 连接万物。

无论是已经存在的互联网渠道，还是尚未出现的新兴渠道，都是由 API 支撑的。也正是有了 API，才可以帮助企业快速地应对如此多的不确定性。

Gartner 预测，到 2020 年，会有 260 亿台物联网设备接入互联网，而这意味着背后需要更强大的 API 支持。企业 API 市场将是一个超过 3000 亿美元的大产业。

提升客户体验

今天的客户对数字化服务体验的期待远远高于以往。每家数字化企业不但要竭尽全力地为客户提供个性化和智能化的服务，还要为客户提供体验的愉悦感。而 API 恰恰可以助企业一臂之力。

更多的服务

通过 API，前端应用层可以获得更多的后台数据，为客户提供更多的服务。API 可以更有效地利用企业既有的系统能力和资源，彻底释放企业的服务潜能。

以人寿保险为例，大量的寿险保单是客户在十几年甚至几十年前购买的，这些保单都存储在非常古老的系统中。可想而知，在构建这些业务系统时，企业所采用的技术和编程语言，肯定不会支持今天的互联网技术和标准。

通过 API 对这些遗留系统进行封装，就可以物尽其用地把老系统的能力激发出来。在最大程度上维护老系统的同时，还可以为移动 APP 前端的客户提供服务。

更好的体验

好的 API 体系会将 API 分层设计。其中，最上层的用户体验层 API 就是用来为客户提供更好的交互体验。

无论是满足既有的终端界面，还是满足未来新的形式，用户体验层 API 都可以在短时间内设计开发出来。比如，著名的视频服务公司 Netflix，它的大部分 API 就是为了支持 1000 多种视频终端而开发的。

更个性化

2018 年，阿里巴巴宣布其“千人千面”战略。简单地说，就是根据访客与店铺的关系强度、客户与出售商品的关系强度、客户和店铺之间的关系强度，进行个性化推荐，为不同的用户生成不同的体验界面。这就是今天互联网用户对于个性化体验的需求。

要实现如此智能的个性化，不仅要将前端客户的行为数据发送到后台进行汇总和分析，还要实时地将智能组合好的页面送到前端。

实际上，API 也是阿里巴巴所谓大中台策略的核心技术之一。

加强创新能力

每家企业都有自己的愿景。随着世界发展步伐的加快，企业领导者一定会密切关注市场变化的趋势，不断地推陈出新，以新产品、新服务和新模式引领企业向前发展。

而 API 的敏捷性、易用性和灵活性以及低成本和高效率，使其成为当今企业创新的驱动力。

内部创新

在数字时代，数据是企业的重要资产。

企业通过 API 支持前端应用的过程，实际上也是不断积累企业数字资产的过程。与此同时，企业还可以利用外部的 API，将从互联网上获得的更多数据转化为企业资产。

基于对数字资产的管理和分析，企业不但可以更加深刻地了解自己，还可以把对客户的认知提升到更高的层次。这种认知是企业创新的基础，所有的新产品和新服务乃至新的商业模式，都是新认知的自然成果。

API 将创新的能力送达业务的最前沿，无论是服务客户还是支持合作伙伴，API 都为企业赢得了市场竞争力。

外部创新

企业的创新动力不仅源自内部。通过 API 连接外部的合作伙伴和独立软件开发者的时候，企业也将原本不属于自己的创新能力和资源引进来。

越来越多的例子表明，外部创新的力量是不可限量的。企业以 API 的形式输出核心业务的服务，支持外部合作伙伴的应用可以做到企业自身无法做到的创新。

比如，浦发银行在发布 API 战略后不到 4 个月，就与 75 个合作伙伴展开合作。浦发银行将开放银行 API 植入合作伙伴的应用中，这就意味着，至少有 75 个外部业务创新已经开始为浦发银行带来新的商业机会。

构建数字化商业生态系统

数字时代的企业不再是一座孤岛，而是融入商业网络的节点。那些可以通过连接更多战略资源，并让自己成为某个领域中心节点的企业，才会成为真正的赢家，其实际上已经拥有了一个数字化商业生态系统。当其他企业在市场上孤军奋战的时候，它们却可以引领千军万马而无往不胜。

商业生态系统不仅会让企业拥有更多的资源和能力，还将更多的合作伙伴拉进利益共同体。如此一来，商业生态系统的成败就关系到所有生态系统中成员的共同利益。

API 恰恰是商业生态系统赖以维系的纽带，生态系统中的每个个体都通过 API 彼此相连并共同发展。

企业API 的分类

不同企业的 API 战略各有特色，但是一定都会服务于企业数字化转型升级这一共同目标。数字时代的成功企业不仅会与客户更紧密地连接，会让业务流程更顺畅，还会与合作伙伴联手共赢。

如果我们从客户端到业务内部，按照价值链来梳理业务数据的走向，就可以勾勒出企业 API 战略的全貌。就像现实中的价值链一样，API 就是这样一路把数据从核心业务系统送到各个业务环节，再送到客户的眼前，最后 API 还会再将客户的反馈送回企业内部。

API 团队开发的企业 API，将后台的数据和能力，以服务的形式提供给应用开发者。而应用开发者则通过调用 API，将这些资源利用起来，从而构建自己的应用。

传统上，大家总是喜欢说，API“暴露”了后台的数据、能力和资源。不过在 API 驱动的数字企业中，更应该说是应用的开发者通过 API“使用”了这些数据、能力和资源。尽管听上去只是说法的不同，但是却反映出大家对于 API 价值看法的转变。

其实，数据在通过 API 连接的价值链上是双向流动的。API 不仅让企业输出数据，同时它也让企业从外面收集数据，然后对这些数据加以分析。

从 API 战略的业务初衷来看，企业 API 可以分为内部 API、合作 API 和开放 API。

内部 API 可提升服务、资源的共享和提升企业的敏捷性；合作 API 可支持面向大型客户和销售渠道的交易能力；开放 API 可通过开放的方式，尽可能多地连接独立软件开发者，进而实现企业的突破性创新。

不同目的的 API 有着不同的价值主张，也从不同的角度推动企业数字化转型升级。成功的企业都会根据自身的实际情况，循序渐进地推动 API 战略的发展。

内部 API

近年来，移动应用 APP 的普及推动了内部 API 的需求。

无论是 CRM 还是 EHR 和 OA 流程，都迫切地要求支持移动设备。在支持移动设备对企业内部核心数据的安全访问，以及衔接跨部门的复杂流程方面，内部 API 的价值就凸显出来。

传统的 IT 系统通常追求稳定，变化越少越好。正因为如此，传统 IT 对于应对快速变化的市场需求总是力不从心。

通过内部 API，将后台系统与前端应用进行衔接，既可以保持后台既有系统的相对稳定性，又可以提升其敏捷性和灵活性。

不仅仅是传统企业，像亚马逊这样的互联网企业，也是如此构建内部 API 体系的。2002 年，亚马逊的 CEO 就要求所有的技术团队，必须通过 API 来提供数据和功能，不允许应用系统用其他形式进行数据交换；不允许直接读取其他团队的数据库；不允许共享内存；不允许任何程序有数据获取的后门。调用 API 是唯一的数据交换方法。

营销部门直接对客户负责，需要随时根据市场的需求，调整客户端的体验。营销部门内部没有开发人员，但是预算可能相对比较充足。在 IT 资源紧缺的情况下，IT 部门可以通过内部 API，开放一些业务数据给营销部门。这样一来，营销部门就可以通过外包的形式，自主开发业务前端的 APP。这种做法其实非常有助于缓解所谓的"IT 负债"。

即使在企业内部，信息安全往往也是重中之重。而内部 API 恰恰是这种跨部门信息安全共享的最佳手段，谁用的，什么时候用的，用了什么，什么用途，一目了然。

随着企业的日趋庞大和复杂，更多的企业倾向于利用内部 API 来整合数量众多的业务系统，从而更好地支持内部开发团队、合作伙伴和大型客户。现在，随着 CRM 系统的逐渐普及，实时地向市场部门、销售部门和服务部门提供业务数据，也是内部 API 的重要职责。

核心业务系统是企业生存的基石。金融企业离不开交易系统；制造企业离不开 ERP；就连一家小酒店也离不开客房预订系统。

核心业务系统一向求稳，轻易不要变动。但这与快速地响应市场变化是矛盾的，而构建内部 API 是解决矛盾的好方法。将核心业务系统与前端应用隔离，既保证了核心业务系统的稳定性，又提供了响应市场的敏捷性，大大提升了 IT 部门的生产力。

来自 Evans Data 公司对世界上 1800 万名程序员的调查显示，其中 120 万名程序员发布的 API 是服务企业外部的应用；470 万名程序员发布的 API 是服务合作伙伴的应用；而高达 890 万名程序员发布的 API 是服务内部的应用。

比如 Netflix 这样的互联网企业，API 的应用情况都很相似。Netflix 的企业 API 中，99% 的 API 是内部使用的，主要支撑 1000 个以上不同种类的视频终端。

2018 年，新保科技（SIEBRE）帮助一家著名的啤酒企业构建了 API 平台，平台大部分 API 是服务企业内部的。这些 API 整合了企业内部的各大系统，包括 SAP 财务系统、Oracle 人力资源系统和 CRM 系统。

经验表明，从一些小的内部项目开始尝试建立内部 API，有助于 API 战略的启动。小型项目既容易衡量项目成败，又可以有效地控制项目范围和风险。项目成果也可以成为未来进一步发展 API 的基础。

合作 API

合作 API 主要是服务机构客户和合作伙伴的。

企业可以先与重要的机构客户和合作伙伴尝试合作 API，与它们的系统互联互通，或者嵌入它们的业务应用中去。通过这样的试点，企业可以快速地学习合作 API 的开发和部署，并开始实践安全策略和风险管理模式。

合作 API 在加强机构客户关系和开拓新的业务渠道方面很有价值。尤其是将企业合作 API 整合到合作伙伴的应用后，有助于双方的深入合作和相互理解，可极大地推动双方共同发展和合作共赢。

Pearson 是一家世界领先的教育企业。它通过 API 向合作伙伴输出内容。基于 Pearson 的内容，合作伙伴可以更容易地创新自己的应用。而这些合作伙伴也在帮助 Pearson，它们通过各种各样的创意和应用渠道为 Pearson 赢得更多的额外收入。

2018 年 7 月，浦发银行宣布了 API Bank 战略，对外提供开放银行 API。截至 2018 年 11 月 1 日，浦发银行宣称已经有 75 个合作伙伴通过开放银行 API 与之进行合作。

合作 API 另一个最显而易见的好处，就是拓展新的销售途径。之前提到的 Netflix，就是一个典型的例子。Netflix 早先只是通过邮寄 DVD 做出租业务。通过合作 API 和各种互联网渠道对接，无论是客户端软件、网页、移动 APP 还是电视机，Netflix 拥有了更多的销售方式来开展内容业务。

合作 API 还可以帮助企业拓展新的业务领域。通过与战略合作伙伴的整合，尤其是跨行业的整合，企业可以以最低的成本涉足新的市场。以气象行业为例，气象局可以把气象数据 API 嵌入保险公司的系统里，为海上运输行业提供全面的风险管理服务。

合作 API 既可以输出服务也可以引入资源。比如，一家翻译公司可通过调用合作伙伴的 API，把一个小语种翻译器整合进自己的产品中，从而提升自身的产品能力，让服务更全面、更有价值。

合作 API 可将机构客户从简单的客户关系，升级为长期的合作共赢关系。把合作 API 和机构客户业务系统有机地整合在一起，可以提升客户服务效率和体验，在强化客户关系的同时，也使企业和机构客户融为一体。

企业可以通过实践逐步完善合作 API 的体系，最终构建合作 API 门户，为机构客户和合作伙伴提供自助服务。更方便的注册、授权和使用将会进一步发挥合作 API 的作用。

开放 API

继内部 API 和合作 API 的实践之后，企业可以进一步面向市场众多的独立软件开发者，提供开放 API 以激发外部创新。

所谓开放 API，是指基于开放的技术，提供开放的开发文档、全自助注册和身份验证流程，面向机构和合作伙伴，乃至独立软件开发者，提供业务服务的企业 API。

对外开放地提供企业核心服务可以带来很多好处。一方面，基于企业的数据和能力，外部开发者常常可以创新出很多意想不到的新产品、新服务；另一方面，企业其实也将一些自身负担，比如不同操作系统和平台的兼容性问题，转移给了外部开发者。

与此同时，企业还能够收集外部数据反馈，更好地了解开发者，了解应用服务的情况和客户需求，为日后提升产品服务品质和竞争优势提供帮助。

创新的突破往往来自企业外部。

高露洁公司就有一段这样的经历。高露洁公司在制造预防龋齿的含氟牙膏时，需要把氟化物的粉末加到牙膏管里。可是这道工序常常会把氟化物粉尘弄得到处都是。高露洁公司的专家们研究了几十年，都不能有效地解决这个问题。因此，他们向社会广泛求助，并提供高额奖金来征集解决方案。最后，一位粒子物理学专家提供了解决方法。他发现带电的粉尘可以被塑料吸附。所以，他就想办法让氟化物粉末带电，同时把塑料管接地。如此一来，带电的粉末就会自动进到塑料管里。企业内部几十年都没有攻克的难题，却在企业外部轻而易举地找到了解决方案。

企业利用开放 API 和激励政策公开对外征集创新的想法，不仅可以获得意外的收获，还可以节省大笔的科研经费和产品开发成本。很多大型互联网企业也利用此方法获得了不少外部开发者的好的想法和创新突破。与此同时，那些确实实现了创新的企业，也经常会成为被收购兼并的对象。

有些时候，即使看到某些利基市场有利可图，如果自身缺少资源或者预算，企业也很难立刻涉足。在这种情况下，企业就可以通过开放 API，输出一部分自有资源，然后和外部的开发者合作，共同抢占市场先机。

很多成功企业的 API 战略，是从一些小的内部 API 项目起步，逐步地扩展到合作 API 和开放 API。而每一步延伸，都可以从前一步的实践中吸取经验和教训。

当然这样的顺序也并不是绝对的。一般来讲，企业通常会从那些迫切要解决的问题或者商业机会切入。敏捷的 API 模式恰恰也是应对这些场景的最佳选择。比如，市场部门迫切需要移动社交 APP 的支持，那么内部 API 就可以作为切入点；如果正好有战略合作伙伴需要通过 API 进行业务交易，那么合作 API 就可以就势启动；要是营销部门正在策划大型的创新社区建设，开放 API 就一定要抓住机会闪亮登场。

好的契机可以帮助企业快速构建起强大的 API 平台，并让企业 API 在短时间内发挥出商业价值。反过来，实实在在的成果又会极大地提升管理层对 API 战略的信心，并给予更多的资源和支持。

第二部分
企业 API 战略思维

企业要想在数字化时代赢得先机，就需要拥有灵活而又强大的 IT 系统作为支撑。只有这样，企业才能够应对日新月异的市场变化，并实现突破性创新。今天，企业 API 战略变得越来越重要。作为数字化企业关键角色的 API，正在快速地提升企业的市场响应速度和适应能力。

企业 API 战略听起来确实令人欢欣鼓舞，但是在实践中，还是有很多企业的 API 战略并没有真正实现这些美好的愿景。

缺乏好的规划是企业 API 战略不能很好落实的首要原因。API 战略规划的缺位，往往还会带来更多的混乱。过多的 IT 系统冗余和差强人意的运维，使本应可以创造出来的价值消失殆尽。一些企业一边替换旧系统，一边不断地增加临时的 API。几年下来，IT 系统非但没有得到实质性的改善，反而越来越糟糕。

核心症结在哪里呢？

其中一个普遍的原因是，企业没有把 API 战略和商业目标及企业发展愿景紧密地结合起来。这些企业还是把 API 简单地看成一项技术工作。如此一来，企业 API 被孤立在一些狭窄的领域，比如数据迁移或者云端整合，而没有和企业整体策略形成有机的整体。

实际上，要想让企业 API 战略成功，必须要从多个维度综合考虑。单一的技术维度是无法真正发挥企业 API 战略价值的。

企业API 战略思考的八个维度

规划维度

企业应该在何时、何地启动 API 战略呢?

API 体系非常灵活，理论上从任何地方切入都可以让企业 IT 系统得以改善。然而，这并不意味着企业可以随意开始试点。盲目的尝试会导致资源的浪费，却不会产生实际的商业价值。

企业既可以从业务需求的角度选择 API 战略的切入点，也可以通过支持重要的移动 APP 升级，或者支持重要的合作伙伴连接，甚至配合一场重要的市场营销企划，作为企业 API 的战略启动契机。战略负责人可以根据实际业务策略、收入影响和执行难易程度排出优先级。

客户体验历程的改善是启动 API 战略非常好的切入点。专注于客户体验历程，可以明确哪些 API 可以将后台系统拼接在一起，从而实现前端完美的业务呈现。

除此之外，企业还可以考虑以下三个技术路径来启动 API 战略。

数据整合。API 是跨系统整合数据的有效手段，尤其是在新旧系统并存的环境里。利用 API 可以轻松地将数据从旧系统中抽取出来，然后连接到新的系统进行处理。

云端迁移。尽管大多数中国企业拥有大量的定制应用系统，并且它们通常会把数据库部署在企业内部，但是分期分批地将其中一些系统和数据库迁移到私有云，目前已是大势所趋。一些企业甚至已经开始着手向公有云迁移一部分系统和数据。利用 API 有效地访问私有云和公有云是一个很好的应用场景。

核心系统转型升级。因为可以快捷地连接既有的核心系统与新平台，API 对于推动核心系统转型升级非常有帮助。企业 API 既可以作为系统连接的纽带，同时可以作为新旧系统间高效的同步机制，让不同迭代周期的系统协同发展。

组织维度

企业 API 战略需要专门的组织部门，只有专职的团队才可以更好地落实执行，临时的项目组很难担此大任。企业要转变既往的项目思维，API 的建设不是一次性的项目。企业应该用产品思维模式对待 API，需要设立常设 API 产品管理团队。专职的 API 团队才能够实时基于用户反馈和市场变化，不断地升级迭代 API，这才是落实 API 战略行之有效的方式和方法。

作为产品管理部门，API 团队的组成需要不同的角色和相应的技能。API 产品经理负责产品规划和设计，确保可以构建起真正有价值的 API；API 架构师则要保证 API 的开发遵循技术标准和开发规范，并和 IT 整体架构策略及发展方向相吻合；API 开发经理要负责产品的开发迭代和测试，以确保 API 的快速开发。根据企业业务的优先级，开发团队要能够在最短的时间里开发出 API，全力支持业务的发展。

企业 API 组织架构可以有三种形式：集中式、分散式和复合式。

集中式 API 组织架构。这样的组织架构将所有 API 团队的人员归集在一起，为业务和技术部门提供 API 管理和开发的服务。这样的 API 组织架构开发效率高。不过这种形式需要 API 团队和其他部门密切合作，才能确保开发进度的安排符合用户部门的优先级。另外，API 团队还要积极地推动用户部门，最终切实地把 API 使用起来。

分散式 API 组织架构。将 API 相关的专业人员分别放到不同的业务和技术部门，然后通过跨部门合作来开发 API，这种模式容易和用户部门的步调一致，然而标准和规范在分散式架构中并不容易被贯彻执行。

复合式 API 组织架构。这也许可以是一个折中的平衡方案。一些 API 专业人员集中在企业 API 部门，负责制定分类规范和标准，同时开发通用的基础 API。但还有一些 API 专业人员分散到各个业务和技术部门，他们在标准和规范的指引下，负责开发本部门需要的 API。需要强调的是，这些 API 最终也要归入企业集中 API 目录。

KPI 考核维度

很多企业经常会采用不恰当的考核指标来评估 API 的表现。

实际上，API 部门的工作表现可以通过一些更简单直接的尺度来衡量。比如，对于面向服务客户的 API，就需要考核直接业务收入；对于后台系统层的 API，则要考核 API 的重用性和开发速度。还有一些指标也经常被用到，比如使用企业 API 的开发者数量、对简化应用架构的贡献、基础建设投资的节省，以及一些关系到数据访问性能方面的指标。

价值维度

如何才能确保企业 API 战略真正创造出商业价值？如何才能帮助企业变得更加敏捷呢？

传统企业容易将 API 平台归类为中间件平台，总是认为 API 无非就是用来实现系统之间的数据交换和应用整合的技术而已。由于和 API 有关的工作也确实大都由 IT 部门完成，对 API 的表述一般非常技术化，而且晦涩难懂。因此在这些企业里，业务部门很少参与到 API 有关的设计和规划中。

如今，那些领先的企业已经开始从价值的维度重新定义 API 分类。这样的定义可以让业务和技术部门都能够更好地理解 API 战略的意义。

总体来说，企业从价值维度可以将 API 分为两大类：业务服务型 API 和技术赋能型 API。基于这样简单又具体的 API 分类方法，业务人员和技术人员更容易进行沟通。那些提升客户体验的 API，肯定是业务服务型的；而那些在底层起到技术支撑作用的 API，肯定是技术赋能型的。

技术维度

面对层出不穷的 API 技术和产品平台，企业 CIO 很容易迷茫。API 技术方向和平台选型方面的错误决策，往往会导致企业资源的浪费，并对业务产生负面影响。

也许可以先做两个具体的技术决策，这样非常有助于缩小技术选择的范围。

第一个技术决策就是选择合适的 API 管理平台。这个平台不仅服务 IT 部门，还支持业务部门。通过这个平台，让企业更多的人理解 API，包括 API 的应用场景、技术可行性、商业规则以及出错时的处理方式，这对推动企业 API 战略越来越重要。

IT 部门需要定义 API 的数据格式以及设计 API 参考体系架构。这个架构应是模块化的，具有一定的灵活性和可扩展性。设计这样的系统架构，可以避免产生不必要的技术层级。IT 部门还要负责建立 API 开发的指导原则，同时要培训 API 产品经理，让他们了解什么是好的 API，什么是不好的 API。IT 部门要为 API 相关人员提供开发工具包和 API 目录，督促他们遵守开发规范，确保他们遵循 API 开发基于的最佳实践。这样也会大幅提升 API 的开发效率和重用性。

第二个技术决策是关于 API 网关和开发者门户。这两个平台是企业与合作伙伴和独立软件开发者沟通的重要窗口。

API 网关承载着所有的 API，同时提供所有的交易分析和数据缓存。明确管理 API 网关的责任人并制定相应的治理规则至关重要。

一些企业采取集中式的 API 网关。这种方式便于统一管理而且职责清晰。唯一要小心的是，不要让 API 网关管理部门成为发展的瓶颈。

在云端部署 API 网关和开发者门户，可以让不同的部门分别负责管理各自的 API，与此同时，又可以让大家更容易地找到所有的企业 API。只要各个部门都能遵守标准规范，这种分散的治理模式实际上也是可行的。

还有就是关于 API 开发到底是通过外包还是通过自主开发的问题。凭经验来看，那些可以强化企业竞争差异性的 API，最好由企业自主开发，而相对通用型的 API，完全可以通过外包的方式让技术服务商开发，比如，银行通常会把支付网关 API 的开发工作外包出去。

分工维度

谁来决定开发哪些 API？谁又来承担开发的成本呢？ 这些问题往往会引来企业内部的争执。

有些企业让业务部门承担用户体验 API 的开发成本，由技术部门负责开发建设。只要企业数字化战略明确，这种方式就是切实可行的。

不过对于那些数字化战略早期的企业来说，大规模开发用户体验 API

往往会力不从心。在这种情况下，IT 部门应该先开发业务流程 API 和系统资源 API，只有做好底层支撑，开发用户体验层 API 才会得心应手。

那些数字化程度较高的企业，可以让各个部门协同并行。在业务部门负责用户体验 API 开发的同时，技术部门开发业务流程 API 和系统资源 API。

企业可以组建一个 API 委员会，让委员会来整体监督 API 战略的落实。这个委员会不应只是由技术部门的人员组成，业务部门至少要派驻代表参与管理。

委员会的一项重要工作就是随时监控 API 开发的进展，并决定开发哪些新的 API，或者停用哪些不必要的 API。委员会最好可以灵活掌握一些开发资金。一旦某些 API 产生了业务价值，企业就可以进一步增加投入进行大力推动。委员会要根据实际情况随时调整项目优先级，确保 API 的进展与业务发展步调一致。委员会还肩负着鼓励 API 重用的责任。提高重用性是 API 战略中的重要主题之一，只有提高重用性才能真正降低企业的开发成本。

API 委员会的另一项重要工作就是推动 API 的实际应用，使每一个 API 项目必须在有明确计划的情况下才能够获得批准应用。不要以为 API 只要被开发出来就会自动被应用。 业务部门、技术部门甚至营销部门需要一起制订相应的 API 推广计划。

发布合作 API 和开放 API 时，委员会还应该协调法务部和市场部，共同制定使用条款和营销方案。即使是发布面向内部的 API 也应该准备足够的文档。内部 API 的推广实际上也非常重要，只有让 API 真正地使用起来，其重用性才会提高。

人才维度

人才是企业 API 战略成败的关键。API 战略需要具备哪些技能的人才呢？

启动 API 战略时，企业首先要招募有实践经验的专家，请他们重新设计规划既有 IT 系统。只有更为精简的系统架构才能确保 API 灵活地部署。这些专家还应该熟悉微服务和 DevOps 开发流程，了解如何围绕 API 生命周期进行迭代开发和运维管理。

企业最好可以直接聘用具备上述技能的专家。这些技能是企业 API 战略成败的关键。而且 API 专家需要跟企业 IT 部门和业务部门进行密切沟通。

企业还需要帮助业务线领导获得对 API 价值的认知，他们只有在真正理解了 API 的价值后，才会给予足够的资源和支持。

而对既有 IT 部门的应用架构师和开发人员，企业要引导他们通过学习提高技术和技能，帮助他们适应现代 API 的开发模式。

生态维度

数字时代，企业一方面要专注于自身的核心竞争力建设，另一方面还要跟合作伙伴与独立软件开发者密切合作，共同打造商业生态系统。企业将多方的优势整合到一起，不但可以打造出优秀的产品和完美的服务体验，还可以利用市场的合力创造出更多的市场需求。

企业 API 是构建企业商业生态系统的首选技术手段。通过 API，企业可以快速地与合作伙伴进行业务流程对接，并将数据整合在一起，最终呈现给客户流畅的一站式服务体验。

外部软件开发者对于企业来说更具有战略性意义。他们将企业 API 整合到自己的应用中，既强化了自身的业务能力，也为企业带来新的业务来源。

实际上，构建和推动商业生态发展不仅是企业 API 战略的目标，更是所有现代企业的发展愿景。

我们反复强调，企业 API 战略绝不仅仅是技术战略，而且是企业数字化战略的重要组成部分。正因为如此，企业一定要从多个维度进行全方位的思考，只有这样才能够制定出切实可行的 API 战略，也才能确保战略的真正落实。

企业API 战略的八个思维误区

今天，手机俨然成为人们身体的一部分。实际上，不仅仅是手机，还有更多的移动智能设备已经进入人们的日常生活。这些设备加上云服务和人工智能，正在为客户创造出前所未有的体验。

正是现代的 API 让这些曾经不可能的事情成为现实。同时 API 也成为数字经济时代的基础设施。

越来越多的企业已经认识到，API 对于企业数字化升级非常重要。有些企业已经开始制定 API 战略并付诸行动。不过在启动 API 战略之初，很多企业走了不少弯路，犯过不少错误。

比如，依旧沿用传统的项目模式来开发 API，这就是一种非常普遍的错误。这样做一定会阻碍 API 发挥其应有的商业价值，也很难使 API 战略与企业整体战略配合默契，最终一定无法真正推动企业的数字化转型升级。

下面列举八个常见的思维误区，希望对企业的 API 战略规划和实施有所帮助。

新技术老思维

传统的思维习惯要改变确实很难。过去 10 年里，企业对 IT 系统的投资实际上是在解决之前遗留的问题，这 10 年的 IT 工作重点是系统整合和数据资源整合。

而今天，企业面临的挑战却是如何提升业务的敏捷性，如何快速地应对市场变化，如何更好地为客户提供服务。那些习惯于系统整合的技术人员，无论是他们的技术能力还是工作流程，都不太能适应当今业务发展的节奏。单纯的系统连接和数据集成，已经无法满足前端应用的快速变化和发展。

以数据抽取为例，过去的做法通常是对既有应用进行反向工程分析，进而直接访问数据库，而企业 API 的方式完全不同。让应用系统以自有的结构化方式对外提供数据服务，既避免了粗暴的数据抽取过程，同时也为深入的数据分析和流程提供了可能，而且还可以提升新应用的开发效率。

如果企业仅仅把 API 看成 IT 工具的话，API 的价值就无法充分地发挥出来。如何判断企业对 API 的看法呢？其实看看企业管理层的 KPI 考核体系就一目了然了。如果考核体系中没有关于如何利用 API 来提升客户体验，没有关于如何利用 API 连接更多的合作伙伴，没有关于利用 API 优化内部流程等指标的话，多半就说明管理层对 API 的认知有限。

API 早已成为超越 IT 范畴的热门话题。而现代 API 更是以一种形象的方式，帮助使用者利用企业的能力和数据资源。API 可以让企业和客户、企业和合作伙伴以及企业和开发者之间，进行全面实时的业务互动。这也是 API 已经被看成企业重要商业资产的原因。API 战略成功的关键，不在于企业拥有多少 API，而是企业有多少 API 切实发挥了作用。

成功的企业把 API 看成产品，而不是一个个项目。企业把内部和外部的开发者看得跟客户一样重要。企业极力去维系与他们的长期的紧密关系。

成功的企业还把 API 看成渠道。企业试图通过制订市场推广计划，让 API 最大限度地覆盖市场。

一些企业对 API 的理解甚至超越了产品和渠道层面。他们有更大的野心——通过 API 来构建一个商业生态系统。

产品和渠道其实还属于传统商业思维的范畴，强调的还是通过生产销售的规模获得成本优势。但是今天，能够主宰生态系统的数字化企业才具有绝对的竞争优势。它们基于网络思维进行战略布局，所谓网络思维，力求尽可能多的连接，连接得越多，被使用得越多，就越有价值。生态系统的网络效应一旦被激发，投资也将获得几何倍数的回报。

领导力不足

更积极更强势的领导会极大地提升 API 战略成功的概率。过于内向温和的人，恐怕很难推动 API 战略的落实。

千万不要以为只要开发好 API，自然就会有人主动使用。要推动企业 API 的发展，就要主动去和其他部门协同起来，充分地满足 API 使用者的需求，并且对他们的支持和服务要到位。

企业 API 负责人应该从“由外而内”的角度看待 API 的开发。“由外而内”的意思是，应该从 API 使用者的角度设计 API，然后再考虑 API 的具体开发实现，这才是开发 API 的最佳实践。

此外，API 战略不断迭代发展，需要足够的资金支持。企业 API 战略负责人需要有能力获得充足的预算，如此才能保证 API 体系的建设。最好把企业 API 预算与传统的 IT 项目预算区分开来。之前谈到过，企业应该把 API 看成是产品，既然是产品就需要不断地迭代开发，也需要像产品管理那样的预算管理方式。

企业 API 战略要想成功，还需要推动企业文化和思维理念的转变。无论是工具、技术和流程，还是员工的观点，都必须转向新的思维模式。企业 API 战略负责人一定要有足够的能力，这样才能够推动这些变革，推动新的企业文化建设。

错误的考核指标

对大部分企业来说，常用的指标无非是收入、利润、客户满意度和创新能力等。随着行业的格局改变，企业数字化成熟度也逐渐成为新时代重要的绩效考核指标。

API 战略为企业带来持续的增长动力和价值，因此，对 API 的考核也应该纳入企业整体 KPI 的考核体系中。但是 API 的考核体系与传统 IT 工作的考核体系不同，我们要规避一些常见的思维误区。

简单地以开发了多少 API 作为一个指标，这可不是一个好主意。不管开发了 10 个 API 还是 100 个 API，这都不是最主要的。开发了多少 API 和创造了多少价值并不能直接画等号。一旦以 API 的数量作为衡量指标，那么用不了多久，就会有一大堆 API 冒出来，再多的 API 也许都不会创造出真正的价值。

实际上，用任何一个孤立的指标都会导致偏颇。比如，不应该单独用直接收入作为指标，因为 API 承担更多的是支持手段，经常需要与整体业务流程配合才能创造收入；单独用成本节约多少作指标也不合适，API 虽然可以提升价值链效率，但是在某个具体的局部未必总是能够降低成本。

一个经常犯的错误是把 API 看成独立的业务单位来考核财务损益。这样做很容易让 API 游离于核心业务之外。这种方法如果用在传统 IT 系统建设中也许是行之有效的，但如果用在考核 API 战略上，就显得不合时宜了。

在当今互联网节奏的市场环境中，对 API 最重要的衡量指标也许是速度。只有关注敏捷性和响应市场的速度，才可以帮助企业聚焦商业价值创造。

API 是数字价值链的核心技术。无论是企业自己的移动应用和网站，还是合作伙伴的应用，都可以通过调用企业 API 获得数据资源或者业务处理能力。要实现这样的目标，企业 API 不仅要精心设计，还要安全稳定并且性能卓越。与此同时，企业后台系统的能力也必须要相应地提升。

围绕价值创造和速度的综合指标，才能够更好地衡量考核 API。恰当的绩效考核体系反过来会推动 API 的发展。

如果考核 API 的开发速度，开发团队就要更及时地响应市场需求；如果考核开发者规模以及发展速度，开发者门户的易用性、审批速度、服务响应、业务授权和文档品质就要有所提升；如果考核 API 的调用规模，API 的性能、稳定性、可靠性就要更有保障；如果考核 API 的重用数量，开发团队就要集中力量整合那些关键的业务系统；如果考核合作伙伴的数量，企业的生态网络就需要蓬勃发展，API 团队还会推出各种培训、活动和比赛来激发合作伙伴的热情。

总之，只有围绕创新速度和商业价值来综合地制定考评体系，企业才能够更好地发展 API 战略。

不恰当的工作方式

API 的开发和传统 IT 项目不一样，不需要花费几个月来写可行性研究报告。API 团队需要做的事情是快速地进行原型设计，与客户密切地沟通，以及经常性的 A/B 面测试。

API 不但需要持续不断的迭代开发过程，还需要快速灵活地响应来自企业不同部门的需求。API 团队应该由来自不同领域的专业人士组成，如产品管理、架构设计、API 开发和系统集成等领域。拥有这种具有综合能力的团队，才能够快速地应对随时产生的新需求。

然而很多企业的 API 团队却依然沿袭既有的 SOA 工作模式。他们过于强调集中式的管理和控制，而且总是追求标准和完美。这样的做法很容易让 API 团队的工作陷入“瓶颈”状态，难以响应快速的市场变化。

成功的 API 团队架构是复合式的，既有集中协作的优势，又有灵活的特性；既有主观能动性，又可以按标准、规范执行。

对于标准的过分追求会导致分析纠结症。有些企业声称要实施 API 战略，却一直在反反复复地讨论标准、规范和流程，结果迟迟无法真正启动任何的实际行动。

而成功的企业往往是先启动 API，基于适度的访问控制，尽早地开放后台系统数据，让开发者先用起来，首先满足业务需求，然后再逐步根据实际需要制定相应的标准。

优秀的 API 团队总有一些共性：可以从管理层获得强大的支持，有充足的预算和资源；明白 API 不仅仅是关于架构和技术的问题，更是业务的加速器；愿意去培训其他团队，让其更多地参与到 API 战略中；直接与业务部门交流，努力去理解商业目标和计划；更积极地协调企业内部资源，大力推动 API 战略的落实和发展；主动总结 API 开发管理的最佳实践，并在企业内部推广。

缺乏投资的决心

发展 API 既可以帮助企业更好地整合系统资源，又可以快速地应对瞬息万变的市场需求。但是如果缺乏充足的资金，再好的目标和愿景也无法实现。

我们反反复复地强调，API 战略不仅仅是 IT 战略，更是业务驱动的企业数字战略。因此不能把对 API 战略的投资，直接等同于传统的 IT

投入和资本开支。

没有资金承诺的 API 战略注定不会成功。有些企业声称要实施 API 战略，实际上却没有真的落实预算，那么一切都只会是空谈。

另外，很多企业习惯对所有的项目单独评估其投入产出。项目的预算往往来自项目的收益部门。但是由于 API 的范围很广，会涵盖企业的方方面面，如果还是按照这样的模式处理 API 的预算，就容易导致预算来源模糊不清。

更合适的处理方法是将 API 作为战略性投资进行单独的预算管理。

企业的战略投资不应该被短期的利益所牵制。API 战略可以提高企业的敏捷性、加快市场反应速度以及提升客户体验。这些都是长远的战略性目标，而不仅仅是眼前的具体收益。

就像股市投资一样，一旦确定了长期上涨的趋势，就不要过于关注短期的波动。众所周知，长期投资策略的三个原则是：尽早投资，持续投资，设计投资组合。这样的投资策略与企业对 API 战略的投资其实非常相似。

不合时宜的开发流程

要用产品思维来开发 API，更要取悦使用 API 的开发者。

开发 API 时，不要一开始就试图堆砌太多的功能。功能越多，API 的独特性和价值就越难说清楚，也更难在应用场景中脱颖而出。

如果企业仍然采用传统的瀑布式开发流程来开发 API 的话，那就与现代 API 轻量化和快速灵活的创新原则背道而驰了。

API 一定要采取快速开发和不断迭代的方式。很多企业在写第一行 API 代码前，总是纠结太多的设计细节。这样的方式对于 API 的开发并不合适。

在遵循核心设计原则的基础上，企业要更加务实地专注于 API 的一致性和开发者体验。现代 REST 风格的 API 为什么广受欢迎？就是因为用 GET、PUT、POST 和 DELETE 这种简单的动词，可以更直观地表达出 API 的能力。此外，与核心功能一致的命名方式也可以为开发者提供易懂易用的体验。

发布 API 之后，企业就可以通过分析 API 的使用情况，获得实时的用户反馈，企业应该基于这些信息不断地改善 API。

企业的 API 门户也是与开发者沟通的良好渠道。通过 API 门户，企业可以很容易地得到开发者的建议，并随时进行调整。

过于苛刻的治理管控

早期的 SOA 体系强调统一的系统架构和尽善尽美的治理，但是这样做容易脱离应用开发的实际情况。

而今天的应用开发者，他们大多数是互联网一代的技术人员，更加追求快速、多产和灵活。一个 API 从设计到投产，可能必须在几个小时内完成。如果在过于苛刻的治理体系中，这样的目标不容易实现。过严的治理会削弱 API 开发的敏捷性。如果还是延续传统的瀑布式开发模式和追求完美的项目管控，再加上追求一步到位的项目目标，就很容易让企业 API 战略“胎死腹中”。

成功的企业都是通过迭代和不断的优化来逐步提升品质和开发者体验的，尽快创造商业价值才是关键，所以企业一定要转变传统的开发思想。只要可以在实践中动态调整，企业就能应对 API 发展过程中的挑战。先做起来，让 API 团队从苛刻的管控体系中解放出来，开发和推进效率就会大幅提升。

一定会有人担心宽松的管控会带来风险，实际上，我们可以通过好的方式方法来消除这些顾虑。API 管理平台不仅可以帮助企业提升 API 治理的能力，还可以给每一个使用 API 的应用颁发安全密钥，并提供工具实时地分析 API 的使用情况，包括使用 API 的应用数量、API 的访问量以及一些关键数据指标。这样一旦发现问题，企业就可以随时屏蔽掉带有恶意企图或者具有攻击目的的 API 使用者。

成熟的 API 管理平台会提供更多的安全策略来提升整体的安全等级，如身份验证、威胁保护和流量管理。其实，API 技术在本质上就具有提升企业信息安全的管理能力。

宽松的治理并不意味着没有治理，API 的设计和开发是在基于身份验证和治理规则的前提下提升可用性和一致性的。只是这些标准和规范要尽可能地精简，尽量以快速响应市场为目标，让 API 在迭代中逐步完善和完美。

过于迷信开源

如果用百度搜索“API 管理平台”，可以得到 1200 多万条搜索结果，其中在前 10 页中，至少 70% 的内容是关于开源免费的 API 平台。相较于传统的 ERP 和 CRM，API 领域的开源代码显得更多、更杂。

如果自身是科技型企业或者互联网企业，开源也许是好事情。研发本身就是这些企业的核心工作，免费开源恰恰可以满足互联网创业型企业的早期诉求。基于开源的 API 管理平台代码，企业至少可以省去一些摸索成本，也可以加快自有平台代码开发的速度。

但是对于大部分传统企业来说，过于迷信开源就不一定是好策略了。毕竟企业的战略重点是发展业务，而不是给技术极客搞科研。既然是搞业务，就不要在 API 管理平台这种专业性很强的工具上花费资金和精力，更不要拿公司整体战略的成败作为赌注。免费的 API 开源平台极具诱惑力，但是从整体投入资金的角度来看，这个平台却是一个无底洞。

那些经历了市场考验并且技术成熟的商业化 API 管理平台，其实才是企业 API 战略的优先选择。比如，MuleSoft 的 Anypoint 平台，其本身自带 300 多个连接器，直接可以连接几乎所有企业常见的数据库和 ERP、CRM、HRM 系统。试问如果企业自己开发这些连接器，需要付出多少人工成本和时间呢？

理论上讲，商业化的 API 管理平台功能确实没有多少尖端科技的壁垒。有些年轻的程序员也许会信誓旦旦地说，只要 5 个人用 6 个月的时间就可以开发出一个差不多的平台。先不论开发的成果如何，就说这 5 个人的人工成本也是一个不小的数字，说不定和商业软件的成本不相上下。可一个是试验室的研发成果，另一个是经过千锤百炼的商业化产品，哪一个才能够成为企业赖以支撑的基础建设呢？更多情况下，我们并不值得为了追求开源的极客精神，就拿企业的生存和发展去冒险。

技术在不停地演进升级换代，可是开源软件从来没有明确的责任人站出来承诺未来。对于大多数非 IT 企业而言，应多做生意、少做科研，企业不是极客大学。

第三部分 企业 API 战略规划

只有精心规划的企业 API 战略才能发挥商业价值，才能够帮助企业在竞争激烈的市场上赢得客户和合作伙伴的信任。

比如，航空公司要想给旅客提供定制化的服务，就必须要在客户乘机前预测出他们的餐饮和娱乐方面的偏好。实际上这些数据都是存在的，只是分别储存在不同的地方。因此，能否改善客户的个性化体验，就要看航空公司有没有能力把这些数据整合到一起。好的客户体验显然可以提升客户的满意度和忠诚度，也会让航空公司从中受益。在这样的场景中，那些已经具备了 API 体系的航空公司就会更容易实现目标。

永远在线、实时互联和即时响应，这是数字化企业的新标签。这些企业将前所未有的愿景变成现实，也让自己从竞争激烈的市场上脱颖而出。

2018 年 10 月，美国著名的连锁零售商西尔斯申请破产保护。分析家纷纷将导致西尔斯破产的原因指向互联网巨头亚马逊，认为都是亚马逊惹的祸。但是如果我们比较一下西尔斯和亚马逊的数字时代战略，就会清楚地看到，与其说是亚马逊淘汰了西尔斯，不如说西尔斯失败的 IT 战略才是罪魁祸首。

多年来，西尔斯投资在 IT 建设的资金并不少，然而西尔斯的 IT 战略却一直不够明确，是全面拥抱互联网还是死守实体店面，其总是在左右摇摆。反观亚马逊，其战略思维发展甚至超越了互联网零售平台的范畴。通过全面的 API 战略，亚马逊追求的是构建起庞大的商业生态帝国。

就连亚马逊语音助理产品 Echo 的核心技术 Alexa 都有了 API。亚马逊通过 API 将 Alexa 的人工智能服务开放给了合作伙伴。基于 Alexa 的技术，其他品牌的产品和服务也可以具备和亚马逊一样先进的人工智能能力。这就是亚马逊战略的格局。

对 API 不同的认知会导致完全不同的结果。只有当企业将 API 看成是战略层面的能力，是驱动新产品创新、新渠道开拓和新业务模式发展的动力，企业才可以从 API 战略中受益。而如果只是将 API 看成某一种新兴技术，就算开发再多的 API，也无法扭转战略的颓势和败局。

那么如何进行企业 API 战略的规划，才能够真正实现数字化企业的战略初衷呢?

企业 API 战略规划总体上可以分为四个阶段，每个阶段里还有具体的步骤。按照这个四阶段框架进行规划，企业 API 战略一定会有一个好的开始。

另外，企业 API 战略规划一定要遵循财务严谨性和目标可衡量这两个原则。像对待业务规划那样规划企业 API，会让战略更具备可执行性。

第一个阶段　奠定战略基础

企业 API 战略的底层根基是企业数字战略。虽然说数字战略也可能会随着时间的推移进行微调，但数字战略大方向仍然是企业 API 战略的重要指导方针。

没有清晰明确的数字战略作为基础，API 战略就不可能协调组织资源，更谈不上构建技术平台和营造战略生态系统。企业在数字转型升级路上一定会进行战略迭代微调，这是战略发展的必然过程。但是如果企业数字战略缺位，就很容易让企业 API 战略与整体发展方向南辕北辙。

明确数字战略是企业 API 战略的第一步。但是和传统的战略规划比起来，数字战略规划比较宏观和抽象，很大程度上也取决于企业的数字基因、创意和专业能力。

可以想象，对于那些更强调实体能力和重资产的传统企业来说，所谓的全新客户体验历程和商业生态系统都是些非常陌生的概念。这就是越是传统产业的强势企业越难实现真正意义上的数字战略转型升级的原因。

虽然第二个阶段才会讨论组织架构和企业文化的建设，不过在奠定战略基础阶段其实就已经涉及组织结构方面的问题了。

一个专职的数字战略领导角色在数字战略规划中是必不可少的。大部分企业会设立首席数字官，而有些企业会聘用拥有丰富数字转型经验的顾问公司来担当这样的角色。总之，企业数字战略不容小觑，靠兼职工作是无法担此大任的。

从公司管理层的角度看，安排这样的专职角色也是向企业所有员工发出了强烈的信号，意味着企业数字化变革已经不是所谓的即将到来，而是已经开始。所有的员工和管理层必须严肃对待并全力贯彻执行。

一旦企业专职 API 战略的领导和执行团队到位，API 战略规划的工作就简单了。

要想未来通过合作 API 和开放 API 进入 API 经济的大市场，企业首先要推动内部 API 的建设。如果不能开放核心业务系统能力和数据资源，企业很难在市场层面实现真正的创新，也不可能对外提供更好的体验和更好的产品服务。

内部 API 既可以推动内部的后台系统升级改造，又可以支撑对外的合作 API 和开放 API。虽然是在两个不同的领域，却都是推动企业实现数字转型升级的动力。只不过面向内部升级的内部 API 更关注确定性的资源，面向外部市场的合作 API 和开放 API 则是应对不确定性的商业机会。

深入分析现状

作为奠定战略基础的第一步，企业可以像作 SWOT 分析一样，找到企业的优势、劣势、威胁和机会。明确企业面临的问题和机遇，非常有助于 API 战略的制定。

在作分析时，企业要引入生态系统思维。API 战略的目标是推动产品和服务的创新及业务增长，而绝不仅仅局限于 IT 技术的范畴。因此，在分析讨论时，最好邀请更多的利益相关方参与讨论，包括业务人员、营销部门、合作伙伴甚至外部开发者社区的成员。

在正式以 API 形式提供云计算服务之前，亚马逊就任命了高层管理者，让他们主持战略规划的前期分析工作。他们意识到亚马逊的核心优势并不仅仅是零售业务能力，还有高效运营数据中心和管理大规模计算资源的优势。这种优势是亚马逊盈利能力的重要支撑。如果这些优势对亚马逊有价值，则应该对其他在线零售商同样有价值。亚马逊从这里看到了云服务的巨大商机。

实际上在没有实施 API 战略之前，亚马逊的很多产品和服务就已经在为合作伙伴创造价值了，比如亚马逊的产品广告服务，很早就以非 API 的形式提供给了合作商家。所以亚马逊对合作伙伴的利益关注点非常清楚，也知道如何让新的 API 战略获得成功。如果企业对 API 用户有充分的认知，不仅有助于确认企业的战略假设，还可以从既有实践中拾遗补阙，发现更多的机会。

确定战略目标

如果只是把大家聚起来进行头脑风暴，往往只会罗列出一张长长的问题清单，这对于战略的制定并没有太大的帮助。对 API 战略规划来说，预先列出一些讨论关键点会更有助于目标的确定，诸如：

——加快产品进入市场的速度；

——提升新产品的节奏；

——增加业务收入；

——提高运营透明度；

——实现快速决策；

——优化现金流；

——增加品牌知名度；

——改善客户自助服务体验；

——减少库存。

我们可以看看美国最大的医保和医疗补助服务中心 CMS 案例。医保支出占美国联邦支出的 25%，尽管超过全美 4% 的经济活动经由 CMS 系统，但是美国健康医疗领域却很难充分利用好 CMS 的信息。

为什么会这样呢？原来 CMS 应用系统运行在 15 台大型计算机上，而且这些应用系统基本上是用 40 年前的计算机语言编写的，比如 COBOL 和汇编语言。代码总量多达数千万行。

CMS 在考虑 API 战略的商业目标时，内部不同的职能角色其实有不同的诉求。

业务部门希望可以打破现有系统间的壁垒，通过整合各个系统中的数据，在移动端呈现给患者一个更加完美的体验。

IT 部门则希望通过实施 API 驱动的连接平台和新的应用体系，彻底结束大型计算机的历史使命。当然如此大的变动需要很多资金，但和巨额的大型计算机维护费用相比，这么做还是划算的。

可是财务部门却另有想法，它们更加关心的是如何尽快摆脱大型计算机这个沉重的财务负担。

不同部门的目标不一致是很正常的。规划团队只有进行深入讨论，才有可能明确 API 战略的统一目标，并最终获得管理层的支持。

确定目标用户

谁是企业 API 的目标用户？企业内部是谁？外部又是谁？

我们以著名的 CRM 云服务商 Salesforce 为例。Salesforce 有 Lightning 和 AppExchange 两个平台，分别以不同的商业模式来服务不同的用户。这些 API 都可以与 Salesforce 的核心平台互联互通，也都可以支持销售队伍自动化和客户关系管理，但是不同平台的用户群体却大不相同。

比如，Lightning 平台面向的是那些有定制需求的企业用户，既有专业的程序员，也有完全没有编程能力的业务人员。对于后者，Salesforce 提供非常简单的界面，用户拖拽鼠标就可以完成功能的重新安排。

而 Salesforce 的 AppExchange 平台则完全面向另一个市场——独立软件开发商。这些独立软件开发商可以基于 Salesforce 的 API 自行开发出自己的解决方案，为 Salesforce 的客户提供辅助功能。

与 Salesforce 不同，Netflix 最初面向所有第三方开发者提供开放 API。开发者可以通过这些 API 来利用 Netflix 的内容构建自己的应用服务。这个策略一经提出就吸引了数以千计的开发者。不过很快 Netflix 意识到，一视同仁地支持所有开发者，对资源的利用并不是最佳方式。因为大部分开发者不具备像索尼和任天堂那样的能力，无法提供高质量的终端客户体验。

因此 Netflix 调整了策略，对目标用户进行了分类。一类是 LSUD 开发者（Large Set of Unknown Developers），即数量多但合作不紧密的开发者；另一类是 SSKD 开发者（Small Set of Known Developer），即数量少但是紧密合作的开发者。对于 LSUD 开发者，到底可以创造多少价值完全不可预测，所以 Netflix 更多地通过自助服务的形式，向其提供服务和技术支持。而对于 SSKD 开发者，Netflix 投入更多的资源和个性化的支持，以确保实现确定的投资回报。

最终企业要明确的是，谁才是 API 要服务的用户，谁可以与之共同合作创造价值。从上述 Salesforce 和 Netflix 的案例可以看出，只有明确了目标用户，才能够更好地制定 API 战略。

明确了目标用户，企业就要认真研究用户的需求，了解用户的痛点，为未来营造商业生态系统做好准备。而且也只有在目标用户明确的情况下，企业才可以为其提供针对性的支持和帮助，最终为终端用户提供更好的服务体验。开放的创新空间固然重要，但是只有深入地了解用户才能让创新的理念落到实处。

确认商业模式

企业必须认识到，一个可以构建起生态系统的商业模式，才能让大家共同创造价值。就像上面举的例子，Salesforce 通过提供核心 CRM 服务来赚取客户的订阅费。通过提供 Lightning 平台 API，客户可以根据自己的业务场景，定制个性化功能。这样的能力可以引导客户更多地使用 Salesforce 的平台，随之也会赢得更多的服务业务收入。

与直接创收的商业模式不同，Salesforce 通过 AppExchange 平台，以间接的方式进行创收。独立软件开发商基于 Salesforce 的 API，构建与 Salesforce 相辅相成的应用软件和服务，然后放在 AppExchange 上向客户销售。通过这种合作，Salesforce 和独立软件开发商共同为客户提供新的价值，既提升了客户满意度，也为 Salesforce 带来了额外的业务回报。

比如，在中国市场上，用户使用社交通信平台微信的场景要比电子邮件多得多。而 Salesforce 平台到目前为止还没有很好地支持微信。但是通过与社交 CRM 工具“即聊名片”合作，Salesforce 就可以有效地满足中国客户的业务需求。客户使用其扫描名片后，“即聊名片”在后台会调用 Salesforce 的 API，将新的联系人信息直接添加到 Salesforce 的客户数据库里。要实现这样的能力，客户只需要在订阅 Salesforce 服务的基础上，额外支付极少的费用，就可以在有中国特色的社交平台上享用强大的 Salesforce 服务了。

组织和管理涵盖多个商业模式的复杂生态系统，需要非常高的管理技能，只有经验丰富的领导者才能担此大任。

与此同时，企业 API 战略的所有利益相关方也要进行充分的沟通，这样大家才能对商业模式达成共识。而且通过这样的沟通，企业还会及时发现之前想法的瑕疵，并及时予以纠正。更何况，多方面的反馈说不定还可以激发出新的想法和创意。很多时候，战略的执行没有达到最初的预期目标往往和事先的沟通不够充分有关。如果共识没有真正地建立起来，战略的落实就不可能一帆风顺。

设计方案原型

用一目了然的原型图，更容易让人理解商业模式和最终的效果。API 团队在向企业管理层汇报 API 战略规划时，应该尽可能地展示方案的原型效果图。

实际上，设计定义原型图的过程，也是一个检验规划和梳理的过程。API 团队通过画图，更容易检查出之前规划中的瑕疵和纰漏。

原型设计在中国企业中尤为重要。对于大部分缺乏科技背景的中国企业来说，清晰的设计和直观明了的原型表达形式，更有助于获得企业高层的认可和支持。

获得上层支持

管理层的全面支持是 API 战略成功的重要前提。如果不能够一下子获得全方位的认可，就要努力保持管理层的兴趣和热情，逐步获得更多的支持。

实施数字战略也许是企业有史以来最重要的变革，其复杂程度和风险要比想象的大得多。很多人把今天的商业环境比作第四次工业革命，传统企业要想在变革的时代实现转型升级，确实不是一件容易的事情。

要实现数字化转型升级的目标，企业不但需要竭尽全力，而且要投入充足的资源。面对如此重要的抉择，企业管理层也会相当慎重。所以 API 团队一定要确保战略规划的完整性和全面性，既要明确目标和机会，也要对可能存在的困难和障碍做好充分的预案和准备。

除提供足够的资金支持之外，企业管理层要给 API 团队充足的时间。与此同时，管理层还要准备好进行必要的组织调整，乃至企业文化的改变。

第二个阶段　调整组织架构

经常乘坐美联航飞机的旅客一定知道，通过美联航的移动 APP，可以获得很多服务，包括机票预订、查询里程积分、查询登机口和航班起飞时间等。

除这些标准的航空公司服务之外，美联航还可以让旅客通过 APP 操作，方便地欣赏飞机上的娱乐节目。如此一来，旅客可以使用自己的智能手机或者平板电脑观看视频，而不是非要使用座椅上的设备。

这是一个非常聪明的策略，既可以很自然地引导旅客下载 APP，也为美联航日后更多的服务创新做好了准备。

通过 APP，美联航可以随时通知客户各种营销活动和产品服务。另外，客户使用的服务越多，美联航对客户的需求了解的就越多，甚至可以准确地预测客户未来的消费行为。

很多时候，企业要想实现一个商业目标，需要内部的各个部门共同协作起来。

比如美联航的 APP，不但需要产品设计部门提升 APP 的客户体验，还需要业务部门丰富商品的选择并改善服务品质，另外还需要机场的地勤和机上乘务员帮忙，耐心地引导旅客安装 APP。所有的角色和环节都要有机地联动起来。

如果员工对企业的商业愿景没有共识，想让多个部门有秩序地协同起来，会是一件极其困难的事情。另外，如果组织架构和企业文化不能很好地匹配，再美好的数字化转型升级目标也会不了了之。这就是我们将调整组织架构作为 API 战略的一个重要阶段的原因。

宣导战略愿景

数字化战略涉及企业组织中的每一个人，不但要求每一个人积极地参与其中，还要求每一个人都朝着共同的目标竭尽全力，与此同时，还要求每一个人遵循新的规则和制度。

从信息安全的角度看，某种程度上 API 是把双刃剑。企业对外开放 API 的同时，会屏蔽掉其他访问数据的手段，这也提升了企业的信息安全水平，但 API 本身却成为黑客新的潜在攻击通道。因此，企业的每一个人，必须建立新的安全意识，贯彻执行新的信息安全制度。

一下子引入太多的变化，很容易让习惯于传统模式的员工感到不安。企业要提前做好宣导和铺垫，帮助大家为即将来临的转型升级做好充分的思想准备。API 战略也要尽可能地保持一定的透明度，要与员工充分地沟通，如企业的策略说明会、新技术和新战略的培训、数字战略在线论坛以及内部通信，都是很好的战略宣导形式。

培养安全意识

在数字化企业转型升级的过程中，对于信息安全的强调要不厌其烦。今天，每一家与互联网有连接的企业，都有可能是黑客恶意攻击的目标。为了企业的长期生存和发展，必须要对信息安全制度高度重视。不仅对于企业自身，信息安全对于获得合作伙伴的信任，也是至关重要的。

在 API 经济中，信任是客户关心的首要问题。就算企业提供的产品和服务再尽善尽美，一旦出现安全漏洞，就会给客户或者合作伙伴带来重大损失。安全方面的疏忽对企业的生态系统乃至企业自身都会带来致命的打击。

如前所述，API 在提升了安全性的同时，也确实给黑客的恶意攻击提供了新的通道。所以企业 API 战略在安全方面的考虑，必须要做到不遗余力。

事实上，几乎所有的知名互联网企业，都曾经历过 API 安全和隐私泄露方面的重大事件，比如 Facebook 和苹果都遭受过黑客的恶意攻击，那么，传统企业在安全问题上再怎么强调都不为过。

实际上，如果这些企业可以有效地执行安全制度，并遵循风险管理的最佳实践，很多安全问题本来是可以避免的。

不过也不要因为安全和风险的问题，就对创新望而却步，人类科技的进步一直都伴随着风险，没有什么技术是万无一失的。但是经验告诉我们，科技带来的价值总是大于伴随的风险造成的损失。我们相信，企业 API 战略也是如此。只要我们给予足够的重视，风险就会尽可能地得到规避。

总体来说，好的 API 安全策略归纳为以下几点：

一是选择安全体系完善的 API 平台。

二是辅以安全的基础设施保护技术，诸如漏洞检测、威胁防护和数据丢失防护等。

三是强制执行安全管理最佳实践。

四是强化安全、信任和隐私的企业文化。

对于一个企业组织来说，安全既属于技术范畴又属于文化意识范畴。比如，我们常说的“以客户为中心”“以产品为中心”，所有 API 战略的执行和宣导都要重视安全、信任和隐私保护，而且在启动 API 战略时，就要让安全领域的专家参与，确保安全主题可以贯穿始终。

推广服务理念

企业各个部门负责相应的职能，我们可以把 API 驱动的服务看成是某些职能，而 API 的调用就相当于跨部门请求帮助，就像 Salesforce 通过 API 向不同的开发者提供 CRM 服务。

企业各个部门的职能都可以看成一个个的可重用服务。这样看来 API 服务的理念一点儿也不陌生。API 文化和传统的 IT 项目文化大不相同。在现代的 API 文化中，做任何事情都要围绕满足市场和客户的需求，可以先从现有的 API 服务开始组合，迅速搭建出面向客户的体验界面。而传统 IT 项目总喜欢一切从零开始，像搭烟囱一样地开发一个个系统。这就是原来那些很少考虑标准化和重用性的应用系统已经成为企业重大负担的原因，那些运行于 15 台大型计算机上的 CMS 应用系统，现在不但维护成本高昂，还不能及时响应市场需求。

推广服务理念是 API 战略负责人的重点工作。只有企业上下认同了服务理念，才能保证新的应用体系发挥作用。比如，2002 年亚马逊创始人 Jeff Bezos 意识到，只有推广服务理念，才能让亚马逊不再犯其他企业曾经犯过的错误。他要求亚马逊所有系统数据和功能，必须以可重用的 API 形式发布出来。无论是企业内部还是外部的应用系统，使用者也只能以使用 API 的形式来利用这些能力和资源。他甚至威胁说，任何违反规定者将被开除，以表示亚马逊对 API 战略的决心。这种服务理念已经深入骨髓，完全植入了亚马逊的企业文化基因中。

调整组织架构

当 API 驱动的服务组合逐渐成型，新的业务服务能力也会逐步提升。此时重新审视调整组织架构的必要性也就自然浮现出来。这就是所谓的微服务组织模式。

一旦企业依照 API 服务的边界来调整组织架构，新的团队职责和工作分工也会随之被清楚地划分出来。这不正是企业希望达到的管理境界吗？

产品化思维

不能将企业 API 仅仅看成一种技术手段和工具，要让 API 团队像对待产品一样，认真对待 API 服务。

企业首先是按照客户需求来设计产品，再对产品进行市场包装来吸引目标客户的注意；其次，通过提供好的客户体验赢得客户信任，继而向客户承诺产品功能、质量和服务以推动购买；最后，在客户使用过程中遇到问题时，及时支持响应。

如果按照上述产品模式来对待企业 API，无论是 API 的设计还是 API 的服务品质和用户满意度，一定会得到大幅提升。而产品化的内部 API 同样会使企业达到提升效率和节约成本的目的。

API 产品化思维会改变很多做事的方式，比如从技术选型、采购、文档、培训、推广、支持到服务等环节。从内部 API 开发开始，就要采用产品化思维。慢慢地，这种理念与实践就会变成 API 团队的工作习惯。这也为日后对外提供合作 API 和开放 API 做好充分的准备。

招募专业人才

即使已经有了像首席数字官这样的角色来主持数字化转型升级工作，企业仍然需要一批新型的人才，才能切实推动 API 战略的实施。如果企业接受 API 产品化思维，相应的产品管理方面的人才储备也很重要。而像 API 安全这样的领域，就更不要投机取巧，必须配备专业人才，否则后果不堪设想。

总体来说，有以下五类专业角色在 API 战略之初就必不可少：API 安全专家、API 架构师、API 开发工程师、API 产品经理和 API 推广专员。他们可以分布在不同的部门，但是在 API 开发的时候须协同工作。

API 安全专家是非常专业的角色，通常应该统一归属于 API 管理部门。而 API 架构师和 API 开发工程师，可以将他们纳入技术资源部门统一管理。这样，一旦需要 API 的开发，企业可以随时调动他们。

而 API 产品经理就不太适合集中管理，最好将其归属于 API 提供者部门。比如，业务部门可以有合作 API 和开放 API 的产品经理；而后台 IT 部门，则有更多面向系统资源方面的内部 API 产品经理。这样的安排，会让 API 产品经理更加了解业务需求。更重要的是，他们对自己的 API 会更加负责，努力创造业务收入或者提升后台 API 的重要性。

API 推广专员是一个很新的角色。他们是连接 API 团队和使用 API 的应用开发者的纽带。他们一方面的工作是向应用开发者推广 API 的使用，并提供支持和帮助，另一方面则是收集应用开发者反馈意见的重要渠道。

鼓励创新

当企业的数字资产和业务能力只能被一小部分人使用的时候，这些人往往就会成为创新的阻碍者。

比如美国 CMS 的 15 台大型计算机上的应用和数据价值巨大，却因为技术过于老旧而不敢去升级改造，这不但是资源的严重浪费，也是创新服务的障碍和“瓶颈”。

越是历史久远的大型企业越会像 CMS 一样，一边要承受维护遗留系统和数据的沉重负担，另一边因应对市场需求和创新的压力而疲于奔命。而实施 API 战略恰恰能够帮助这些大型企业找到一个平衡点，并建起一架桥梁，将其既有的应用能力和资源与创新连接起来。

但是要切实地发挥 API 的作用，首先还是要鼓励企业内部的创新氛围和精神。对于那些负责传统系统的部门，要引导它们改变那种“只要系统不出事就天下太平”的心态，在保证系统稳定的基础上，要尽可能地提升资源的价值。而前端的业务部门，则要紧密地和客户与合作伙伴协同起来，不仅要输出企业的资源和能力，还要帮助客户和合作伙伴一起成功。

企业数字化转型升级不仅仅是制定一套战略、安装一些系统和聘用一些专家那么简单，只有激发出企业整体的主观能动性和热情，才能够让全体员工和部门互相配合、互相支持从而形成创新合力。企业员工的群策群力和大众创新文化的建立，这些都是数字战略成功的必要条件。

第三个阶段　构建技术平台

企业数字化战略基础一旦形成，组织架构就要作出相应的调整，创新文化氛围也就逐步形成，这时企业就需要着手选择合适的技术平台来搭建新的数字化体系。

API 战略是企业数字化转型的捷径。每发布一个 API，就意味着企业又有一部分资源和能力开始发挥作用。无论是企业内部还是外部的开发者，都可以通过这些 API，进一步向市场推出创新产品和服务。

比如，亚马逊经过多年的积累，已经有了一系列的 API，从 Alexa 到购物再到云计算 API，这些服务形成了强大的亚马逊网络服务平台。

每家企业都可以构建自己的 API 系列，提供企业资源和能力，给企业内部和企业外部的开发者使用。这些开发者可以去构建新的应用和服务，并由此创造出新的产品、新的业务渠道，甚至新的商业模式。

基于 API 产品化思维，企业应该像管理产品一样，进行企业 API 生命周期管理，包括 API 的规划和设计、API 的开发、API 的部署、API 的安全运营、API 的治理、API 的分析、开发者的参与和 API 的版本控制。本书下面的章节会详细介绍企业 API 生命周期管理，这里只是先简单谈一谈与 API 管理相关的问题。

API 的生命周期管理中需要技术团队做大量的工作，比如 API 架构的设计与 API 的标准和规范制定。这也是前面谈及 API 专业角色中有 API 架构师的原因。另外，API 体系建设一定会涉及既有 IT 系统和数据库，因此数据库管理员和系统架构师也需要全程参与 API 的生命周期管理。

API 管理平台

API 管理平台是企业战略的技术基石。

成熟的 API 管理平台包括以下六大组成部分：API 的设计和文档管理、API 的创建与发布管理、API 的测试管理、API 的运行引擎、API 的生命周期管理和 API 管理。

不同厂家的 API 管理平台的功能和侧重点各不相同，这也恰恰符合不同企业的 API 战略彼此各异的实际情况。

尽管如此，企业对 API 管理平台的主要诉求集中在以下三个方面。

帮助 API 产品经理更好地管理 API。企业要用产品管理的思维管理 API，那么就要借鉴产品管理的方法和原则。API 管理平台要提供定义 API、设置策略和限制、分析开发者的 API 使用情况、配置价格和收费策略，以及相关的参数设定。

API 提供者和 API 使用者关系管理。API 提供者首先要做到的是让 API 使用者很容易地获得有关 API 的信息，帮助其将 API 嵌入自己的应用程序中去。其次，不仅要授权并管理 API 使用者的权限，还要支持 API 提供者和 API 使用者之间的交流。最后，一定要对 API 使用者提供必要的支持和帮助。

确保 API 的使用和安全。API 密钥是跟踪 API 使用的关键要素，API 管理平台要通过各种方式确保 API 的正常使用和安全，包括安全网络连接、数字签名、OAuth2 授权访问，以及 API 调用配额和流量限制等。

商业化 API 平台还是开源 API 平台

很多企业痴迷于开源，喜欢基于开源代码自建 API 管理平台。然而一旦它们涉入其中，很快就会意识到，搭建一个完整的 API 管理平台有很多细节需要考虑，同时又需要很多人力、物力和时间的投入。

企业是采用商业化 API 平台还是基于开源框架和代码自己开发平台，可以从以下四个维度仔细分析和判断。

首先是投资成本。商业化 API 平台显然需要购买成本，尽管成本有高有低，但毕竟需要一笔资金投入。目前大部分企业级 API 平台采用年度订阅的模式，这意味着每年都是固定的费用开支。

开源软件总是举着免费的大旗。但是在考虑采用开源 API 平台的时候，一定要计算企业因此付出的内部人员成本。随着人工总体成本的不断攀升，这是一笔非常大的成本开支。

从目前的市场情况预估，最贵的商业化 API 平台每年的订阅费，其实也不会高于企业 4 名技术人员的年度人工成本。换言之，如果企业需要超过 4 名技术人员专职做开源 API 平台的开发和维护，那么企业采取开源策略就是不划算的。

其次是时间成本。商业化 API 平台可以马上投入生产。而基于开源体系的开发，一定需要很长的时间。如果企业的业务需求迫切，那么时间成本就要作为决策的重要衡量因素。

再次是机会成本。除时间因素可能导致企业失去一些市场先机外，企业的资源也是非常有限的。比如，让优秀的人才去开发开源 API 平台，他就不能够同时开发立刻创造价值的 API。时间、人才和资源的稀缺，也将导致企业的市场机会成本增加。

最后是风险成本。成熟的商业化 API 平台已经在市场上被验证可行，甚至可能已经被很多知名大企业使用多年。比如，著名的 MuleSoft 的 API 平台 Anypoint 已经被 1500 多个知名大型企业采用。这样的平台无论是稳定性还是安全性，显然更经得起考验，技术风险也更低。

API 管理平台上最重要的部分是安全系统的设计。顶尖的互联网公司肯定拥有最先进的技术和最优秀的技术人才，但它们都遭遇过 API 安全漏洞的危机，那就更不要说没有相关经验的传统企业了。可想而知，基于开源代码拼凑出来的 API 管理平台，会很容易成为职业黑客的入侵通道。

尽管从技术的角度看，开源技术往往会是更前沿的。但是企业采用 API 的目的并不是追求技术的先进性而是创造商业价值。选择成熟的、稳定的、经历过考验的商业化 API 平台，实际上也是一种分散风险和降低风险成本的有效方法。

平台选型

市场上商业化 API 平台的选择非常多，因此要根据企业的具体需求，再结合对厂商和产品技术的分析，多维度考量后作出选择。

技术分析公司 Gartner 从技术愿景和执行能力两个维度，将知名的 API 厂商划分到四个象限中。其中处在第一象限的厂商，它们的综合优势更为明显，包括 API 领域著名的 MuleSoft（2018 年被 Salesforce 以 400 亿元收购）、IBM、Google、CA Technologies、RedHat（3Scale）、TIBCO Software 和 Software AG。

关于 API 管理平台的选型，可以从以下三个重要的评估标准来看。

首先是 API 管理平台的功能完整性。完善的 API 管理平台应该至少包括 API 的设计和文档管理、API 的创建与发布管理、API 的测试管理、API 的运行引擎、API 的生命周期管理和 API 管理六大功能。

其次是 API 管理平台的独立性。作为独立的 API 管理平台一定要是一个独立的产品，不能有对其他产品的依赖。在很多传统软件公司，这方面的问题尤其明显。因为它们的产品很多是收购来的，客户往往会看到一大堆不同产品的拼凑，而不是一个独立的产品体系。

最后是 API 管理平台的产品成熟性。API 管理平台对企业 API 战略的成败至关重要。企业可以在局部应用上尝试新的技术和产品，但是在 API 管理平台上最好不要这么做。

另外，不一定要选择那些大科技品牌。在 API 管理平台这个专业领域中，企业最好选择那些被众多大型企业真正考验过的产品，没有被上千个大型客户实际验证过的平台，显然无法证明其成熟性。之所以要强调大型客户，是因为大型客户不但拥有更多的 API 使用者，而且其 API 应用场景也更广泛，是在实践中真正经历过大的考验的。

第四个阶段　营造数字生态

毋庸置疑，技术平台的正确选择是企业数字化战略成功的关键。但是再好的 API 技术平台，也不可能自己创造价值。而只有营造起企业数字生态体系，才能够最终实现 API 战略的愿景建设。

后面章节中会重点讨论如何构建开发者生态，在这里先概括介绍营造数字生态体系的几项主要工作。

打造开发者社区

为了找到企业 API 的目标用户群体，并推动其使用 API，企业应该安排专职的 API 推广专员来负责这方面的工作。无论目标用户是企业内部的开发者还是外部的开发者，API 推广专员都需要像营销产品一样认真负责地推广 API。

无论是通过传统的营销方式还是激励政策，抑或是编程比赛，API 推广专员都要想尽办法，来充分调动 API 社区的气氛和激情，让开发者积极主动地使用企业 API。

尽早地招募企业 API 推广专员这个岗位，不但对制定企业的推广政策有帮助，还有利于加速数字生态系统的形成。API 推广专员的一部分职责是在 API 发布前就与 API 开发者进行初步的沟通和预热。这对于及时确认开发者对 API 的认可度和接受度都是非常有帮助的。尤其是早期的开发者，他们的反馈意见对企业 API 的开发大有裨益。API 推广专员实际上是企业和数字生态系统的连接纽带，也是确保企业 API 成功的关键环节。

搭建 API 门户

在 API 实践中发现，API 的文档质量是开发者关注的最主要问题之一。

API 文档是 API 门户的主要内容。无论是在企业内网上还是在外部互联网上，API 门户是使用 API 的开发者找到 API 相关信息的主要途径。

除了 API 的技术文档，API 门户也是开发者找到相关资源和工具的平台，其中包括 API 目录、API 的业务场景用例说明、自助式的申请注册、技术文档、代码样例、API 互动控制台、SDK 下载、版本浏览、变更日志、API 最新动态、技术博客和开发者论坛等。

API 门户往往是开发者对企业 API 的第一印象。开发者对企业 API 怎么看、对企业 API 的接受度，以及对未来合作的可能性都取决于此。因此搭建一个开发者喜欢的 API 门户，对企业 API 战略的落实至关重要。

开发者培训与认证

API 推广专员的另一个职责是落实开发者的培训计划。

现在利用发达的互联网分发培训资料和开课以及提供更多的代码样例，这是培训开发者使用企业 API 的有效手段。如果这些代码样例可以涵盖多种流行的开发语言就更好了。市场上成熟的 API 管理平台甚至可以自动生成 API 调用的代码样例，这不但可以帮助开发者快速掌握 API 的使用方法，还可以让开发者使用熟悉的编程工具。

除代码样例之外，基于具体的业务场景假设提供分步教程，也是一个很好的培训方法。教程可以以多种形式呈现——文字教程、视频教程或者在线讲座。企业也可以把这些教程放在开发者常去的技术社区平台上，不过 API 推广专员要经常留意这些平台，如果有开发者提出问题，就要及时回复，甚至提供现场辅导。

有些大型技术企业或者互联网平台有开发者认证计划。通过认证方式，企业可以逐步打造出一支高水平的应用开发者队伍。这支队伍可以帮助企业基于 API 打造出强大的商业生态。

建立协同机制

在 API 发展的早期，一些企业常常会在没有事先告知开发者的情况下，更新甚至替换、停用 API。不过很快他们就意识到，这样的做法对于那些正在使用 API 的应用和服务会产生以下负面影响：轻微的影响，会导致开发者的应用异常；严重的影响，会让开发者的应用直接崩溃。

既然 API 战略的初衷是共同创造价值，那么更好的方式是提前通知开发者，并预留足够的测试时间，还要及时收集开发者的反馈意见。

企业要开通多个开发者反馈渠道。除 API 门户之外，邮件、论坛、博客留言以及在线聊天工具这些渠道都可以帮助开发者把遇到的问题及时地反馈回企业。

要及时地回复开发者的咨询。这不仅是企业的合作态度问题，更是向开发者传递积极的信号，作出一起创造价值和共同发展的承诺。

推动社区发展

实践证明，数字生态系统的发展对企业数字化策略的成败有决定性作用。而数字生态系统的成功，很大程度上取决于社区是否真正实现了合作共赢。

比如，Salesforce 生态系统中的 AppExchange，这个平台为了推动独立软件开发商基于 Salesforce 的 API 开发应用，提供了非常有吸引力的激励政策。与此同时，AppExchange 还积极地推动客户购买补充性的软件服务，使独立软件开发者因此获得了收益，自然就会更加支持 Salesforce。

著名的共享出行公司优步另辟蹊径，奖励一些向其他开发者提供技术支持的优秀开发者，这一做法让优步的开发者生态圈快速蓬勃发展起来。

无论是 Salesforce 还是优步，尽管它们的方式、方法不同，但是其与开发者共同创造价值的本质是一样的。

在后面章节中提到的编程马拉松也是同样的道理。通过定期组织开发者进行编程比赛，并颁发奖杯和奖金，让开发者不但获得了荣誉，还获得了经济上的激励，这是开发者社区常用的推动方式。

制定 KPI 体系

要确保 API 战略的成功，还需要在规划的每个阶段，设定相应的目标。通过严格监控目标的达成情况，可以有效地推动 API 战略的落实。后面章节会详细介绍 API 战略中的 KPI 体系设计，这里先作一些简单的讨论。

在 API 战略的不同阶段，会涉及不同的目标和 KPI，而不同的部门也会有各不相同的维度。另外，企业应该经常性地审视 API 战略的发展进程，必要的时候，要根据具体情况作出动态调整。

基于市场环境的变化、竞争态势的发展、新出现的客户需求以及实践的成败，企业 API 战略总是在动态中演进迭代。API 战略的考核体系和 KPI 指标也不应该是僵化的，企业应该密切关注 API 战略的实际发展状况，及时发现问题并予以纠正。

比如，航空公司非常希望乘客可以使用移动 APP。一开始，航空公司在飞机内做了不少宣传小贴士，鼓励乘客在手机上下载。然而 API 管理平台显示，APP 实际使用量一直非常低。交叉比对 AppStore 的下载数据后，航空公司意识到问题出在网络连接环节。在飞机上，如果乘客要连接网络，就必须要先支付舱内 Wi-Fi 的费用，显然这会让很多乘客放弃下载 APP 的想法。

航空公司随即进行了调整，它们安排地勤人员在乘客候机的时候就宣传和帮助乘客安装 APP。一个小小的调整，使 APP 的使用量得到了显著的提升。

通过 API 平台将不同来源的数据整合在一起，可以有效地帮助管理层更直观地了解业务的情况，也为分析问题和解决问题提供了更加客观的依据。

对于成功与失败，不同的企业也许会有不同标准。但是如果没有在 API 战略执行初期就设定好目标，那对于企业战略来说肯定不是一个良好的开端。

没有明确的目标也是企业管理中缺乏问责制度和文化的体现。企业目标设定越是清晰，考核体系越是明确，越说明责任感已经真正融入了企业文化中。

第四部分
企业 API 最佳实践

不得不承认，数字化时代改变了很多行业，更改变了很多企业。从连锁药店到银行到保险公司再到医院，越来越多的企业都快成为软件公司了。原来适用于现代软件公司的实践体系，也逐渐融入了传统企业的业务流程和管理体系中。

与此同时，随着业务环境的变化，企业应用架构体系也一直在不停地更迭发展。从之前流行的企业服务总线架构，逐步发展出微服务、PaaS、云计算和 API 驱动的架构。其中企业 API 则成为数字化企业应用体系中最重要的角色之一。

像亚马逊那样，企业所有的应用都应该通过 API 来使用企业数据资源和业务服务，这些服务既包括微服务、云端服务，也包括未来的物联网服务。

企业首先需要搭建起安全、稳定又方便易用的 API 平台，支持开发者基于 API 来构建现代应用系统，从而更好地服务客户、合作伙伴或者内部用户。

在美国，Gartner 的研究发现，77% 的企业在开发 API，而其中的 1/3 已经将 API 应用于主要业务系统。Gartner 的另一个调查显示，企业使用多个云服务的比例已经从 2015 年的 10% 跃升到 2018 年的 70%。

基于 API 的现代软件开发

企业 API 为什么发展如此迅猛呢？

原因很简单，企业 API 可以让应用软件开发和业务创新更快、更敏捷，而成本却更低。应用开发团队可以独立地开发和部署应用系统，而且基于 API 开发的新应用也具有更好的扩展性。

不过任何事情都有其两面性。如果没有统一的 API 战略规划，任由开发团队一窝蜂地开发 API，API 体系最终也会变得杂乱无章——无论是 API 的安全性、可发现性，还是 API 文档和 API 管理，都会出现不同程度的混乱。

那么，如何才可以避免这些混乱呢？如何才能更好地发挥企业 API 在现代软件开发过程中的价值呢？

安全和治理体系

在微服务和公有云领域，无论是内部 API 还是外部 API，其实在本质上没有什么区别。如果开发人员在开发 API 时没有集中管控的概念，他们就很有可能在部署 API 时缺乏一致的安全机制，有的时候甚至完全忽视安全问题。而这样非常容易让企业系统面临潜在的安全漏洞。

一个 API，今天可能只是被企业内部应用调用，随着业务的发展，明天就很有可能提供给合作伙伴使用。企业必须假设 API 的应用场景是处在零信任的前提下，因此企业必须基于完善的 API 管理平台来统一建设 API 的安全和治理体系。

全程监控

如果缺少 API 的使用情况和运行表现的相关数据，企业很难了解 API 的实际使用情况和性能“瓶颈”。对于那些高度重用的 API，或者面向客户和合作伙伴使用的 API 来说，这个问题尤为突出。

API 管理平台必须要能够提供非常细致的分析和报告，这样才能帮助企业实时掌握 API 的运行情况，包括 API 的使用量、开发者和合作伙伴规模、调用流量、吞吐量、延迟和错误异常等。

可见性

随着企业不同的部门、团队和项目组不断地开发出新的 API，如何找到企业 API 也会变得越来越困难。

无论是在企业内部还是外部，企业都应该构建 API 门户，以便让开发者可以方便地找到 API。高品质的互动 API 文档和开发者社区，也会帮助开发者理解和应用 API，并可以随时交流和获得帮助。

公有云端的 API 网关

很多公有云服务商提供自己的 API 网关，比如 AWS 的 API 网关和阿里云的 API 网关，这些网关都具有提供诸如流量管理和网络缓存等的能力。但对于大部分企业来说，云端的 API 网关还达不到企业级的要求。尤其是当企业使用多个云服务商的时候，这种局限性就会尤为凸显。

比如 Autodesk，它们使用 AWS 来部署云服务平台，却使用自己的 API 网关来集中管理所有的企业 API。

在现代软件开发实践中，对 API 生命周期进行科学化管理尤为重要。企业一定要配置相应的人员，制定流程并辅以管理工具，从 API 的设计、开发到运营和分析，企业要在每个阶段都尽可能地采用 API 管理的最佳实践，这样开发团队才能够更加敏捷高效地推动企业数字化转型的发展。

不同企业可能对 API 的生命周期定义会略有不同。不过总体来说，可以把 API 生命周期管理的最佳实践分为企业 API 设计、API 的安全体系、API 的部署与测试、API 的发布、API 的分析、API 的运维六大部分。以下就按照这六个部分逐一予以介绍。

企业 API 设计

API 是以成就使用 API 的应用开发者为使命的，因此 API 从设计之初就要从使用者的角度出发。

应用开发者是 API 战略成败的关键环节，因此构建 API 的首要设计原则，就是最大限度地提升应用开发者的工作效率和成功率。

设计 API 时应该采取“由外而内”的原则，先从 API 接口开始，也就是说先定义 API 的外表，再开发 API 的逻辑。

采用现代软件开发流程的企业，会在开发 API 之前，按照 Open API 的规范建立文档。采用互动文档和 API 模拟测试，会有效地提升团队协作和整体软件交付效率。

以下是一些 API 设计的实践经验。记住，要时刻把应用开发者放在第一位，然后参考以下建议，一定可以设计出好的企业 API。

分层设计

采用分层的 API 设计方法，可以方便应用开发者使用 API。这种设计理念极大地加快了应用的开发，对从客户前端到业务流程再到后台系统的资源进行整合。

企业 API 设计可以分为三个层次：系统资源层、业务流程层和用户体验层。

系统资源 API 是指那些连接后台业务系统的 API。这些系统通常是核心业务系统、账户系统、CRM 系统、ERP 系统和企业定制开发的业务系统，还有就是历史上遗留的一些数据库等。

业务流程 API 是指那些可以供开发者使用的业务流程或业务功能。采用 API 驱动的设计方式，可以将具体的业务流程和实现逻辑隐藏起来，让业务流程 API 的使用者通过简单的调用就可以实现业务能力，完全不用操心如何对后台资源和系统进行协调。

用户体验 API 是指那些直接被前端应用和设备使用的 API。用户体验 API 针对特定的用户界面设计和优化，重点在于如何聚合数据，进而拼合出漂亮的界面，同时还要优化负载、提高性能。用户体验 API 屏蔽了业务流程层和系统资源层的复杂性和依赖性，从而使应用开发者的开发更快捷、更简单。

易用性设计

好的 API 设计会让应用开发者非常容易使用。有 SOAP 经验的 API 设计者可以参考下面这些最佳实践，来设计简单易用的 RESTful 风格的 API。

使用以数据为中心的模型。API 的设计应该更侧重数据实体和资源，而不是那些功能。换句话说，URL 应该使用名词而不是动词。

比如，如果是一群狗，就使用 URL https://dogtracker.com/dogs，而一只具体的狗则要使用一个独立的 URL，就像 https://dogtracker.com/dogs/23232。通过这样的设计，当 API 使用者要获得狗的信息时，就可以简单地用 GET 方法，删除就用 DELETE，修改就用 PUT 或者 PATCH。

反之，如果以功能为中心设计 API，就会需要很多的变量，API 使用者要了解更多的细节，才能知道如何使用这样的 API。

数据结构

因为简单易懂，JSON（JavaScript Object Notation）已经成为 API 最常用的数据标准。如果用好 JSON，可以将信息表达得非常简单直观，甚至业务人员都可以看得懂。比如下面这个例子。

{“kind”：“dog”

“name”：“Tom”，

“furColor”：“brown”，

……}

严格遵守 JSON 的书写原则，让 JSON 里面的对象名称永远和实体名称对应，属性名称与实体的属性一致，这样的 API 数据模型才是好的设计。

关系表达

如下面的例子所示，通过链接表达关系是现代 API 更常用的设计方式。

{“id”：“454533678”，

“kind”：“dog”

“name”：“Tom”，

“furColor”：“brown”，

“ownerID”：“454533678”，

“ownerLink”：“https://dogtracker.com/persons/454533678”

……}

使用链接，应用开发者根本不需要学习文档，就会很容易找到要用的资源。此外，还可以将链接直接嵌入模板中，直接生成正确的 URL。

链接设计

有一个好的办法可以让 API 易懂易用，那就是在获取特定的资源时，创建具有实体类型的 URL。比如，https://dogtracker. com/ZG9n;a8098c1a 显然不如 https://dogtracker. com/dogs/a8098c1a 表达得更清楚。

最好不要将实体的层级结构编码到 URL 中，因层级结构并不像想象中的那么稳定。如果直接对层级结构进行编码，很可能在日后重新组织层级时多出不少麻烦。

另外，查询类 URL 最好使用以下格式：https://dogtracker. com/persons/{personId}/dogs，而不要写成：https://dogtracker. com/search?type=Dog&owner={personId}。应用开发者一定会更喜欢前一种简单直观的格式。

异常处理

对 API 的错误和异常处理设计也很重要，这直接影响应用开发者使用 API 的体验和感受。在开发者使用 API 的过程中，一定会遇到各种各样的错误和异常，好的设计可以更好地帮助他们处理和解决这些问题。

使用标准的 HTTP 状态码和完整的 HTTP 返回信息，对应用开发者非常重要。比如，201 Created 状态码一定要配上相对应的 Location 的链接，指向新创建的资源 URL：

"HTTP/1. 1 201 Created"

"Location：https://dogtracker.com/dogs/1234567"

而尽可能地使用直白的表述，这会让应用开发者更容易理解。

版本管理

在 API 战略的实施过程中，企业常犯的错误很多是来自版本管理方面的。只有采用正确的版本管理方式，才可以让开发者更好地配合 API 迭代更新。

不同的企业会有不同的版本管理方式。一般情况下，企业会在 API 调用 URL 中包含 API 的版本信息，如 api.company.com/v1/…，api.company.com/v2/…。

如果企业的后台系统只能支持单一的 API 版本，而企业又限制 API 代理层面的业务逻辑，那么，API 代理只能先返回一个旧版本的错误信息给调用者，并随之发送错误报警邮件给 API 开发者。API 开发者随后应该对旧版本的调用予以限制，最终以阻止调用请求的方式来淘汰旧版本的 API。

如果后台系统支持多版本的 API，那么 API 代理可以直接将调用请求转到新的 API。API 管理平台可以分析不同版本的 API 调用情况，弃用那些低使用频率的版本。当然同时需要告知那些依然在使用低版本 API 的开发者，请他们尽快升级到新的版本上。

有些企业出于提升敏捷性和易于维护的目的，使用 API 平台将上行 API 与下行 API 分离。在这种情况下，API 平台会根据请求路径、查询参数、关键信息等变量，同时参考 API 代理层定义的业务逻辑，将 API 调用请求转到相应的后台版本上。

如果后台系统不支持多个 API 版本，但是企业允许在 API 代理层增加一些业务逻辑，API 代理层就可以作为中介，对上行的 API 调用进行调配。API 管理平台可以处理调用请求，然后去调用后台系统。同理，在得到后台系统的响应后，API 管理平台再以对应的格式将数据返回给之前的上行调用。只要这里的规则相对简单，这种方式其实很实用。

设计确认

无论 API 设计者多么自信，都要与使用 API 开发者充分地沟通。好的 API 管理平台都会提供 API 设计工具，这些工具提供了非常丰富的功能，不但可以帮助 API 设计者进行设计，还能够让 API 的使用者体验设计的原型，并对 API 开发者提出意见和反馈。

好的 API 设计都有很多相似之处。API 设计者可以认真地研究那些知名企业的 API 设计，从中一定可以学到很多设计理念和模式，比如 Salesforce、SAP 等企业的 API，都是 API 开发者学习和效仿的样板。

API的安全体系

据美国 Gartner 的报告，超过 70% 的移动 APP 的安全体系达不到企业级标准，而移动平台恰恰又是黑客攻击的主要目标。

企业其实早就开始利用防火墙和 DDoS 防护系统来保护 Web 应用的安全了。但是使用 API 更多的移动 APP、云计算和微服务领域，其安全措施有待加强，毕竟企业要保证敏感的客户数据和数字资产万无一失。

很多攻击是已知的，应用安全社区 OWASP 每年都会发布已经被发现的安全威胁清单。但是还有很多潜在的未知威胁，正在虎视眈眈地瞄着各大企业平台伺机而动。

为了防止各种外部威胁，企业应该采用安全体系完善的 API 管理平台，并在 API 代理层部署一致的安全策略。

OWASP

OWASP 威胁包括 XML/JSON 注入、跨站点脚本攻击、中断身份验证、不安全直接对象引用等。超过 70% 的企业采用 API 管理平台内置的安全策略来防范外部 API 免受这些威胁。

为防止传输过程中的数据泄露，企业可以实施 OAuth2 和双向的 TLS 来保护关键的 API。通过恰当的设置，可以使 OAuth2 最大限度地减少受攻击的范围。采用符合 PCI 和 HIPAA 标准 API 管理平台的企业，还可以创建安全代理来确保 API 密钥的安全加密存储。

预防攻击

应用层的批量攻击占到所有已知 DDoS 的 17%。这种攻击通过向应用发出大量的 HTTP 请求，直接把应用服务器资源占用殆尽。八成的企业使用 API 管理平台内置的峰值捕捉和限流机制策略，并以此来降低遭受此类攻击的风险。而对 API 进行配额控制和限流策略，也可以防止那些模拟人为访问的复杂 DDoS 攻击。

自适应威胁

与网页不一样，API 是可以进行编程的，这使攻击者很容易利用“僵尸程序”发起攻击。“僵尸程序”可以检测到 API 的缺陷，从而利用游客账户进行暴力攻击、使用客户 API 密钥访问私有 API、滥用客户忠诚度计划或者替竞争对手消除定价数据。这种“僵尸程序”攻击已经占到今天互联网流量的 10%～15%。

成熟的 API 管理平台基于多年积累的数据和复杂的机器学习算法，不断地提升安全防范能力。这些能力都是通过分析数十亿次的 API 调用数据进化而来的。以 MuleSoft 为例，其既有客户超过 1500 个，其中大部分是大型跨国企业。可想而知，它们在安全方面的经验积累程度，绝不是一个传统企业可以比拟的。

一旦 API 管理平台识别出“僵尸程序”的调用特征，系统就会予以记录，企业就可以针对这样的特征来制定应对策略。之后，API 管理平台就可以按照既定策略，自动化地对类似的攻击进行限制。

不要依赖 WAF

很多企业使用 WAF 作为网页应用的安全防护，但是对于 API 管理平台来说，WAF 并不是合适的选择。

通常 WAF 将应用看成一个黑箱，然后采取基于 IP 地址的防护策略。而 API 管理平台有能力全面监控每一个 API 的调用，因此其安全防范能力更强。API 管理平台在代理层嵌入执行引擎，这使得安全防范更加智能化。

随着技术的逐步完善，API 管理平台有机会满足企业大部分应用安全的需求。API 管理平台还可以更有效地降低延迟，让安全策略的一致性更好。

当然，对于那些已经在 CDN 中部署了 WAF 的企业，把 API 管理平台部署在 WAF/CDN 之后也可以是一种选择。

API的测试与部署

API 设计开发完成后，就需要进行测试，然后再部署到生产系统。不过这些 API 并不是独立存在的，API 要和目标后台应用连接在一起才能工作，这就需要和相关后台应用的软件开发周期（Software Development Life Cycle，SDLC）的步调保持一致。

API 生命周期的关键一步是测试。有些企业采用测试驱动开发模式（Test – Driven Development，TDD）或者行为驱动开发模式（Behav ior – Driven Development，BDD），同样的模式也可以用在 API 的测试上。企业可以采用常用的应用测试框架和工具自动化地测试 API，从而减少 API 的维护成本。

步调一致

每个企业都有自己的软件开发周期管理体系，API 的生命周期应该与之步调一致。

要确保生产系统和测试系统的 API 隔离，企业可以在 API 管理平台上基于既有的概念体系，把用户、API 和调用端口区分开来。

API 管理平台还采用了运行环境的概念来支持 API 的执行，建议创建两个机构（生产机构和测试机构）和六个环境（开发环境、集成环境、调试环境、用户测试环境、预生产环境和生产环境）。通常预生产环境和生产环境建在生产机构里，而其他的环境都在测试机构里。

当然，如果 API 连接的目标应用系统自身的开发周期并没有划分成那么多的阶段，那么 API 的开发周期和环境也可以随之调整以保持一致。

除上述目标应用的软件开发周期之外，API 还需要和使用这些 API 的应用的软件生命周期配合默契。通常 API 的开发者会提供一个沙箱环境，供 API 使用者在开发初期进行调试使用。而在之后的软件开发周期里，应用开发者通常就会使用生产阶段的 API。

测试 API

企业可以采用测试驱动开发和行为驱动开发方式来验证 API。

在开发环境中，API 可以依照 Open API 规范开发，而 Open API 基于 API 模板生成。这些 API 会被配置以现成的安全策略，比如 XML/JSON 攻击保护或者 OAuth2。大部分企业会把 API 和其他应用代码集中存储起来。

行为驱动开发的企业在这个阶段会采取模拟目标系统的方式，这样可以确保测试的全面覆盖。静态代码分析可以在 JSLint 或者 CheckStyle 这样的工具上通过自定义 Java 或 JavaScript 的规则来完成。一般情况下，企业使用像 Junit 和 Mocha 这样的工具进行单元测试，而用 Istanbul 和 Cobertura 做代码覆盖率检验。

在代码集成阶段，API 就开始使用真正的测试目标系统进行功能和集成测试，而在调试阶段，可以使用非生产环境的下行目标系统来测试性能下降和容量限制。

在用户验收测试、预生产和生产阶段，主要测试 API 的设置和功能。预生产环境是生产环境的镜像，通常是投产前的最终测试。而当 API 放到生产环境时，企业应该同时在 API 门户发布 API 的规格和相关文档。

一旦 API 准备投入生产，企业就要开始考虑 API 的部署问题了。

API 的部署

API 背后可能连接到微服务、既有系统的 SOAP 服务、云负载或者 PaaS 的服务。目标应用和服务的特性决定了 API 部署的策略。依据这些特性分类可区分服务类型是微服务还是单体应用，接口形式是 RESTful 的 API 还是传统应用的 SOAP 服务，应用环境是本地部署还是在公有云或者私有云上，应用场景是内部使用还是服务客户和合作伙伴。

集中式部署。企业 API 可以集中部署在 API 网关上。通常 API 网关和 API 管理平台可以一起部署在公有云上，也可以部署在企业内部的数据中心。一般来说，服务外部用户的 API 推荐运行在公有云上，这样可以减少运维负担。在需要和旧系统对接，以及复杂的转换和处理的情况下，集中 API 部署也许是唯一的选择。

分布式部署。对于内部场景、微服务或者无服务器架构应用来说，最好让 API 更接近应用系统环境，以最大限度地减少延迟。在这种情况下，可以将 API 连同应用或微服务部署在轻量级的 API 网关上。而诸如监控分析和开发者服务等 API 管理服务则可以集中部署。

测试与部署自动化

有不少企业已经采用自动化方式来管理 API 的测试和部署，以减少人工操作的错误。其中大部分还采用持续集成（Continuous Integration，CI）方法论和工具来自动化地管理软件开发周期。API 的测试和部署环节完全可以使用同样的工具。另外，使用 API 管理平台的工具，也可以自动地将 API 在不同的环境中迁移。

测试和部署自动化可以快速地发现和解决问题，也确保了 API 发布与更新的顺利。典型的做法需要编写脚本，把 API 部署到相应的环境中。实际上，这也是整体软件开发周期自动化的一部分。企业可以使用类似 Apache 的 Grunt 或者 Maven 来实现软件开发周期自动化。另外，使用 MuleSoft 的 Anypoint API 管理平台的自动化工具，也可以实现 API 的自动化部署。

API 门户

企业开发出 API 之后，就要让应用开发者大量地使用起来。API 门户就是企业将 API 公之于众并支持开发者使用的主要场所。

——如何更容易地找到 API？

——开发者需要哪些资料和信息？

——如何让开发者注册申请更方便？

——如何管理身份验证和访问授权？

这些都是企业构建 API 门户时需要考虑的问题。

互动文档

要想让开发者更容易地使用 API，首先要让 API 更易于理解。采用互动的 API 文档、请求/应答的样例以及在线帮助都是好的方法。

有些企业基于 Open API 规范创建互动 API 文档，这不但可以帮助开发者理解 API 的技术细节，还可以试用、测试和检查 API 调用中的错误。

成熟的 API 管理平台可以自动生成 API 文档，然后发布到 API 门户上。这样 API 文档就可以即时生成和更新，更有利于开发者及时掌握最新的 API 情况。

对开发者提供及时的支持和帮助，可以激发开发者社区的活力，并能够及时地收集反馈信息。另外，也可以让开发者之间进行分享经验，这对于推动开发者社区的发展也很有帮助。

产品包装

企业应该用产品化的思维模式看待 API，可以将 API 包装成不同的产品形态，设定不同的产品价格和规格，以供 API 使用者选择。成熟的 API 管理平台都有产品管理能力，企业甚至可以基于同样的 API 和资源，包装出不同的产品来服务不同的用户。

API 产品既可以让企业对不同的用户群提供差异性的服务，也可以尝试基于 API 创新出各种商业模式。

企业可以通过配置 API 产品，实现对不同用户的不同访问授权。比如，有些 API 只可以供 API 开发者使用，有些只可以供合作伙伴使用，而有些则可以对公有云上的所有注册开发者开放。

企业还可以对 API 产品设置不同的定价策略，比如基于调用量定价、按时间段订阅或者按收入分成等。

服务管理

根据不同的商业模式、目标开发者以及合规的要求，企业可以采用不同的管理模式来发展应用开发者。

全自助服务模式可以允许开发者自由地注册账号和应用，不需要审批就直接获得密钥开始使用 API，很多内部 API 门户和企业活动目录系统在整合后，就是通过这样的模式来服务企业内部的开发者。

对于希望吸引大量外部开发者的公共 API，也可以使用全自助服务模式，即开发者完全自助获得服务，系统管理员只会收到新用户注册告知邮件而已。

管理者审批模式则在应用开发者注册后增加了审批流程。审批通过后，申请的开发者才可以注册其应用、获得密钥和文档访问授权。对于那些只对战略合作伙伴开放的 API，企业通常会采用这样的模式。

管理者主动模式是由管理者注册应用开发者账号，然后通知开发者。这种模式不太常见，但是对于那些高度敏感的场景，企业可以严格控制 API 的访问范围。

用户身份验证

使用 API 门户的用户可能有多种类型，包括 API 开发者、企业内部应用开发者和外部的应用开发者。针对不同类型的用户，企业可以考虑以下两种身份验证方式。

内置目录管理是成熟的 API 管理平台的标准功能，可以用来存储和管理用户身份信息。一般情况下，企业在 API 门户使用内置目录管理外部开发者。

单点登录整合是 API 门户基于 SAML 协议和企业活动目录系统连接实现的。这种方式在支持企业内部的开发者时非常普遍。

API的分析

企业需要基于对 API 的分析和评估来考核 API 计划的进展情况。而 API 的指标通常会围绕以下四类用户：API 使用者、API 开发者、API 产品经理和 API 运维者。

API 使用者即 API 消费者，也就是使用 API 的应用开发者。他们希望了解 API 的流量情况和服务品质，比如调用成功率、响应时间等。应用开发者还会关心一些相关的业务指标，比如付费情况和分成情况。

API 开发者更关心如何通过分析 API 的运行数据不断优化 API 的部署，比如安全策略。另外，API 开发者还希望从 API 执行的每一个步骤细节分析诊断出问题，从而进一步提升改善 API 的服务性能。

API 产品经理对 API 计划的成败负有全责，他们希望从多个维度了解 API 的实际使用情况，包括产品维度、开发者维度、应用 APP 维度、渠道维度甚至区域维度，以及 API 对业务的影响和财务指标。

API 运维者更关注 API 的峰值性能和可用性，他们实时监控 API 的吞吐量、延迟和异常情况。一旦 API 出现问题可以实时报警，运维人员可以迅速解决问题。另外，API 运维者的重要任务是确保 API 免受恶意攻击，避免企业的数据和资源受到威胁。

API 管理平台主要就是服务上述四类角色，为分析和解决问题提供有效的工具。

全程追踪

API 开发者通过实施相应的策略，在保证支持应用功能的同时，也要保护后台系统的安全和稳定。API 运行起来不但要实现预期的功能，还要达到良好的性能标准，同时要尽可能地减少响应延迟。这就要求 API 管理平台可以提供 API 执行过程中每一步的时间信息，从而追踪每一步的细节进行优化。

不恰当的设计一定会导致应用开发者对 API 避而远之，比如在开发者获得最基本的 API 信息时，就强制要求进行 OAuth 身份验证，这样的设计无疑会对 API 的使用普及构成一定的阻碍。

通过对 API 执行全程追踪分析，就可以发现上述问题并及时作出调整。这样的做法对于不断优化 API 部署的最佳实践大有裨益。

性能监控

一旦部署到了生产环境，API 就成为企业为应用开发者提供用户体验的渠道。API 运维团队必须要有能力实时监控到各种流量指标，才能确保用户体验的品质。除了解 API 的整体流量和吞吐量之外，还有一些指标也很重要。以下列举三个常用的指标。

响应时间用来衡量 API 本身以及后台系统在不同压力的情况下响应 API 调用的时间。

可靠性指标用来衡量不同层级的出错率，包括应用端、API 网关和后台系统。

缓存性能则用来衡量使用本地缓存的情况下每个 API 的响应时间和命中率。

通过分析 API 调用的频次、位置和顺序等特征，API 管理平台可以让运维团队更好地管理企业 API 体系，从而保护企业的数据和资产。

指标体系

衡量企业 API 计划发展的情况，需要采纳恰当的指标体系予以分析。关于 API 的 KPI 体系，我们会在后面的章节中详细介绍，这里只是简单介绍几个常用的指标：

——API 流量指标，按照产品、应用开发者和应用 APP 划分；

——应用及应用开发者指标，新注册的开发者和新注册的应用；

——已发布 API 的收入指标；

——应用开发者收入贡献指标；

——收入贡献最大的开发者；

——最活跃的开发者。

分享分析数据

向应用开发者提供详尽的 API 使用情况、性能数据和收入数据，可以让合作更为紧密。可以允许开发者在订阅 API 后，通过 API 门户查阅 API 运行的各类指标，包括调用流量、响应时间、API 的错误日志；各个应用分别使用的 API 运行数据；不同系统平台、设备类型和区域的 API 使用分布情况；API 调用成功率与差错率。

如果开发者订阅了不同价格的 API 计划，那么让应用开发者随时了解各个计划的使用情况也很重要，比如，让应用开发者在 API 门户上查询 API 调用流量、月度支付明细和收入分享明细等。

总之，开发者了解得越多，就越有可能优化自己的应用来配合企业 API，双方的合作也会越来越好。

API的运维

企业应该在哪里部署 API 管理平台呢？是在公有云上还是在私有云上，还是采取混合云的模式？另外，企业还要规划好将 API 管理平台与既有系统环境的整合，比如监控和日志系统。企业如果选择本地部署 API 管理平台，还要有应对业务增长导致的系统扩容预案。

云端还是本地部署

评估 API 管理平台到底是部署在云端还是本地时，主要考虑的因素包括时间、成本、性能、安全、扩展性和可靠性。

时间因素。如果在私有云上部署或本地部署，企业就需要预留足够的时间来采购、调配和部署硬件设备、配置软件，还要培训自己的员工来管理系统。

一般来说，在公有云上部署 API 管理平台时间上会快得多。以部署 MuleSoft 的 Anypoint 平台为例，有经验的认证专家最多半天的时间就可以部署完毕。

当然如果企业的基础设施充足而且人员安排就绪，那么部署在私有云上是可行的。私有云部署可以让企业对基础设施有更多的控制和管理能力。

成本因素。通常情况下，云部署的 API 管理平台的订阅费用要比完全本地部署的成本低得多。以 MuleSoft 的 Anypoint 为例，本地部署的订阅费每年约 180 万元，而如果是云部署的，订阅费每年约 80 万元。如果再加上相应的设施成本和人工成本，本地部署的整体拥有成本显然高于云部署的成本。当然成本高也有成本高的好处，那就是企业可以对 API 管理平台进行控制，这对于高度敏感甚至监管行业的企业尤为重要，比如银行和保险公司。

性能因素。大多数情况下，私有云和公有云在性能上差异不大。但是如果后台应用和使用 API 的应用都在私有云上，而把 API 管理平台部署在公有云上，这种部署显然会增加额外的往返延迟。此时私有云部署或者混合云部署可能才是更好的选择。

在混合云部署的情况下，API 的运行引擎和相关应用可以部署在一起，而其他的管理功能则部署在公有云上。

安全因素。有些企业有特殊的安全和合规要求，这时候私有云部署也许是唯一的选择。有些企业只是一部分业务不可以部署到公有云上，那么通过混合云部署，把这部分业务部署在私有云上，其他的部分可以利用公有云上的资源。成熟的 API 管理平台产品都内置了安全策略，完全可以确保公有云部分的安全。

扩展性和可靠性。参考企业 API 的峰值流量和可靠性要求，有助于选择合适的部署方案。企业可以比较私有云和公有云在这些方面的数据指标，然后确定更符合企业要求的选择。

监控体系

当 API 管理平台部署后，API 运维团队就要开始实时监控各种运行数据来确保平台的正常运行。

API 管理平台通过内置的消息日志策略，生成系统运行日志和处理信息。运维团队可以使用日志工具来收集和分析日志数据，甚至可以通过注入关联 ID 来针对性地监测某些事件。

通常 API 管理平台使用 JMX MBeans 来收集运行数据，比如 API 的响应时间、错误率和目标延迟时间等。运维团队可以继而使用更多独立的分析工具对 JMX 的数据进行深入的分析。例如，以 JMX 数据为载体，使用独立的工具对其进行分析，这样做可以为以后 API 管理平台的切换增加灵活性。

API 的监控。很多 API 管理平台提供 API 和目标系统的压力测试，运维团队可以通过部署状况检查 API，随时监控 API 管理平台的性能。

组件监控。运维团队可以通过调用 API 和现有系统的监控工具，随时执行系统级检查和 JVM 检查，比如 CPU、内存、网络、存储、线程统计信息和堆栈等。

API 的分析。API 管理平台提供了现成的 API 分析工具，可以让运维团队清楚地了解平台上 API 的情况，比如 API 流量、开发者的数量、API 响应时间和错误率等。

平台的扩展

如果 API 管理平台完全部署在公有云上，那么自然不用关心平台扩展性的问题，因为这是公有云平台供应商应该去做的事情。

可是如果企业选择在私有云上部署 API 管理平台，那么至少要从两个维度考虑未来可能的系统扩容问题，一个是 API 网关，另一个是存储 API 密钥、用户和策略的数据库。

大多数 API 厂商提供私有云估算工具，自动作容量和拓扑需求的分析。用户可以使用这些工具，基于推荐的计算模型和自身的需求进行性能分析并制订未来可能的扩展计划。

所有的 API 网关都有消息路由和处理器，可以对 API 请求和响应返回作路由处理。基于每秒平均事务笔数、每秒峰值事务、消息处理的复杂性、区域分布和弹性要求，运维团队可以对平台是否需要扩展作相应的决策。

大部分 API 管理平台使用分布式数据库来存储 API 请求数据、API 密钥和开发者档案。运维团队可以根据数据库的情况进行扩容，这不仅会增大系统容量，还会减少 API 处理的延迟。

企业要尽可能地使用 API 管理平台的自动化工具来管理系统，以避免手工设置和估算导致的错误。

第五部分
企业 API 商业模式

下面我们跳出技术的范畴，来谈谈企业 API 的商业模式。

企业 API 不应该简单地被视为技术手段，而是企业创新业务的增长模式，是企业对外提供数据服务最有效的方式、方法，更是价值创造的战略。

与此同时，企业也通过提供 API 拓展出新的创收渠道。API 使得原本无法覆盖的渠道，也有了创造新收入的可能。

API 的商业模式思维并不仅仅针对外部市场，还可以是面向企业内部衡量投入产出和价值的重要方法。

用商业模式思维审视企业 API，还能够更好地设计出激励 API 团队的政策，从而促进企业 API 的健康发展。

因此，企业 API 的商业模式既包括对外的商业模式，也包括对企业内部的降低成本、提高效率和推动创新的商业模式。

直接收费

如果企业 API 所提供的服务确实很有价值，那么企业就可以直截了当地向使用 API 的开发者收费。当然在作这样的决策前，企业需要和应用开发者充分地沟通，确认开发者真的愿意为此付费。直接收费是最简单的模式，但是说服开发者付费可是不小的挑战。

向使用 API 的开发者收费也可以有不同的计费方式。

按实际使用量收费

按实际使用量收费，这是我们日常最为熟悉的计费方法。生活中的水、电、电话等服务都是这样收费的。

企业 API 也可以制定类似的收费策略。实际上这也是目前最为普遍的 API 收费方法。

以商汤科技提供的 SenseID 身份验证服务 API 为例（见图 1），用户通过 API 调用上传两张人脸图像后，API 将返回这两张人脸图像的相似度评分。身份验证服务 API 的定价是每次调用 0.15 元，最少预购 100 次调用。

而有些 API 调用量非常大的服务商，比如电信的短信 API，通常会按照 API 的调用量规模提供分段计费模式。比如，100 万次调用以下每次收费 0.06 元，200 万至 1000 万次调用每次收费 0.05 元等，这是市场

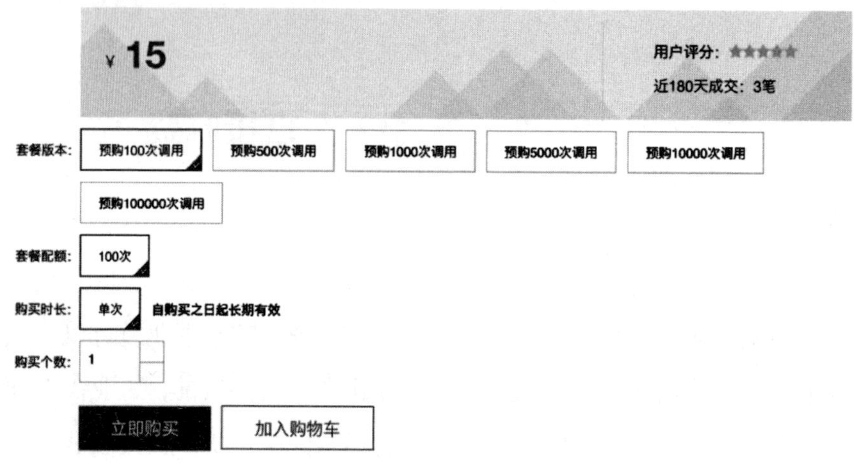

图 1　商汤科技 SenseID 身份验证服务 API

常规的折扣方法。

有的时候，API 企业会通过积分体系来作为 API 收费的方式。通常采用的方式是让用户购买服务积分点数，然后用户再用这些积分来购买 API。

尽管用积分消费看上去和直接付费类似，但是使用积分可以增加 API 企业的定价灵活性和市场营销的多样性。

免费增值收费

免费增值模式（Freemium）最早由 AVC 的 Fred Wilson 在 2006 年提出。免费增值模式是指用免费服务吸引用户，然后通过增值服务，将部分免费用户转化为收费用户，实现商业模式变现。

Freemium 模式中有“二八定律”的因素，即一小部分对价格不敏感的高端用户，愿意为一些额外的功能付费，为服务提供者带来大部分收入。

如今，免费增值收费模式也被应用到 API 领域，这种模式极大地利用了网络效应。随着用户的规模越过临界点，那些愿意付费购买优质服务的用户也就自然浮现出来。

谷歌地图的 API 就是典型的免费增值收费模式（见图 2）。用户可以每天免费调用 2500 次，获得有关方向、距离、地理编码等基础服务。但是如果需要更多的调用或者高级增强的功能，则需要支付高级版本的服务费用。

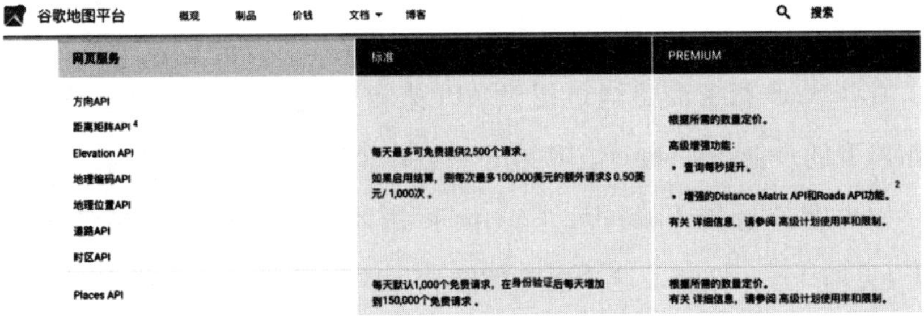

网页服务	标准	PREMIUM
方向API 距离矩阵API[4] Elevation API 地理编码API 地理位置API 道路API 时区API	每天最多可免费提供2,500个请求。 如果启用结算，则每次最多100,000美元的额外请求$ 0.50美元/ 1,000次。	根据所需的数量定价。 高级增强功能： • 查询每秒提升。 • 增强的Distance Matrix API和Roads API功能。[2] 有关 详细信息，请参阅 高级计划使用率和限制。
Places API	每天默认1,000个免费请求，在身份验证后每天增加到150,000个免费请求。	根据所需的数量定价。 有关 详细信息，请参阅 高级计划使用率和限制。

图 2　谷歌地图的 API 的免费增值收费模式

这也是互联网上非常普遍的收费模式，符合与用户共同实现长期双赢的发展策略。

交易计费

支付类 API 的收费最为简单，通常按照支付金额的比例收取。

不过，对于不同的商户一般会有不同的比例。以微信支付 API 的收费为例，不同行业类别的收费标准不同，有的是按照交易金额的 2% 来收取，而最低的收费标准则是交易金额的 0.6% 。

支付宝、银联支付等支付机构的 API 同样按照类似的原则进行交易计费。随着互联网应用平台的发展，API 也越来越成为支付服务提供商的主要服务方式。

提升增值服务销售

有些 SaaS 服务商是通过提供 API 来提升既有服务的增值销售的，比如典型的企业 Salesforce，其 API 只在增值订阅服务里提供。

如果客户选择 Lightning Enterprise 版本，就可以获得增值服务的 API（见图 3）。订阅了这个版本的客户，才可以通过 API 将自己的系统与 Salesforce 云服务深度整合，从而创造出全新的服务。

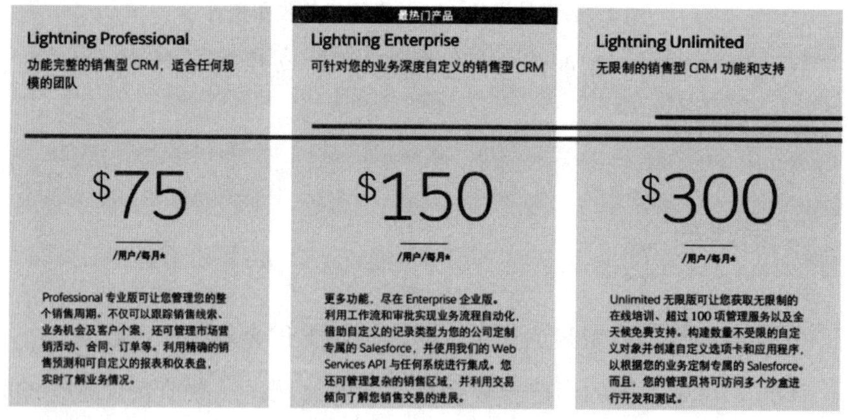

图 3　Salesforce 的 API 的增值服务销售模式

虽然客户没有针对 Salesforce API 单独付费，但是每个用户的服务费从 75 美元提高到 150 美元，比如以一个拥有 100 个销售顾问的 Salesforce 企业客户估算，那么 Salesforce 的 API 通过这个客户每月可以额外创造 7500 美元的增值服务收入。

之前反复强调，要用产品思维来看待 API。在上述 Salesforce API 的场景里，API 本身就是产品的一部分。

很多 SaaS 服务商提供 API 的目的是建立与客户之间的黏性，从而确保业务规模的稳定性和延续性，这也使 API 成为自身商业模式的重要组成部分。

财务会计 SaaS 服务 FreshBook 的 CEO Sunir Shah 说："我们意识到，如果客户可以通过 API 与我们的服务建立起紧密的连接，那么客户的持续支付意愿会比以往提升至少 3 倍！"

新的业务来源

还有很多企业API并不以直接收取费用为目标，其提供这些API的目的是为企业带来更多的主营业务收入。

在这种模式里，API的提供者不但不向使用API的开发者收取费用，反而还要通过各种各样的方式向开发者付费。

以谷歌的广告服务AdSense为例，开发者通过调用谷歌的AdSense API，从而形成与谷歌在广告推广上的业务合作。谷歌会从获得的广告收入里以一定的分成比例向开发者支付费用。

旅游行业的API则是为了分销更多的旅游产品，比如机票、酒店和租车服务。如前所述，Expedia在2012年就有90%以上的旅游业务是通过API分销出去的。对于API使用者来说，每一次API的调用就是帮助Expedia进行了一次旅游产品的销售，自然也就会获得相应的佣金收入。

著名的电商巨头亚马逊也提供类似的电商API。亚马逊的合作伙伴如果通过API调用促成交易，就会根据产品类别获得一定比例的收入，比如，电子产品的收入为交易金额的4%，音频产品为5%，游戏为10%，杂志为25%，工具类为8%，等等。

有些API提供商甚至可以为合作伙伴带来多年持续的收入。比如，开发者调用RDIO（后被Pandora收购）音乐网站的API，如果实现了音乐订阅服务的销售，可以根据不同的订阅模式获得收入。对于4.99美元的订阅服务收入，开发者可以获得 2% 的收入，而每月 9.99 美元的“无限畅享”服务，开发者可以获得 3% 的收入。如果客户购买了数字歌曲，开发者则可以获得高达 8% 的收入。更诱人的是，只要客户持续订阅或者发生购买行为，开发者就会一直获得收入。

免费

有别于前面提及的免费增值服务（Freemium）的模式，大型的互联网平台总会提供一些完全免费的 API。尽管我们相信这些平台一定是出于某些商业目的，或者是获得开发者的关注，或者是作为前沿科技的实验，或者是为了获得相关的数据，或者是推动商业生态的发展，但是免费的 API 就在那里。

世界上最大的社交平台 Facebook 就提供了许多免费的 API，开发者只需要简单地注册就可以完全免费地使用。

在中国，腾讯、阿里和百度等大型互联网平台也提供了不少免费的 API 供开发者使用，比如著名的社交 CRM 小程序“即聊名片”就使用了腾讯提供的免费名片图像识别服务。通过调用腾讯的名片识别 API，同时上传名片图像，“即聊名片”可以在一秒之内将一张通用的名片转换成数字格式，并存入数据库。

不过，互联网平台上提供的这些免费的服务，最终还是用来支撑它们自身的商业模式。它们获得的每一张人脸图像，都会增加它们对于人类面容的认知；每一张名片照片都会为它们的数据库增加一个真实的客户数据；每一个社交用户的信息和人脉关系，都会让它们更了解人类社会的动态。而所有的这些通过免费 API 获得的巨大免费数据资源，也转化为 API 提供者的垄断竞争力。

混合商业模式

很多情况下，企业 API 的商业模式是多种模式的混合。从来没有要求说企业只能采用一种商业模式提供 API。

比如，谷歌的 Cloud Vision API 既有免费增值模式（Freemium），又结合了基于使用量的分层计费模式。在各种使用场景中，Cloud Vision API 使用者只需为自己使用的功能付费，不需要预先作出承诺。

另外，Cloud Vision API 还提供了一套图片分析功能，按图片数计费，图片的每项功能即是一个计费单元。例如，对同一张图片运用面孔检测和标签检测功能，将需要支付 1 个单元的标签检测费用以及 1 个单元的面孔检测费用。

表 1 显示了每项功能每 1000 个单元的价格，采用分层定价方式：每个月使用的前 1000 个单元免费，第 1001 到 500 万个单元按标价收费，等等。

表 1　　企业 API 的混合商业定价模式

功能	每 1000 个单元的价格		
	每月的前 1000 个单元	每月的第 1001 ~ 5000000 个单元	每月的第 5000001 ~ 20000000 个单元
标签检测	免费	$1. 50	$1. 00
文本检测	免费	$1. 50	$0. 60
文档文本检测	免费	$1. 50	$0. 60
安全搜索（露骨内容）检测	免费	若购买了标签检测服务，此功能免费；否则为 $1. 50	若购买了标签检测服务，此功能免费；否则为 $0. 60

续表

功能	每 1000 个单元的价格		
	每月的前 1000 个单元	每月的第 1001 ~ 5000000 个单元	每月的第 5000001 ~ 20000000 个单元
面孔检测	免费	$1. 50	$0. 60
地标检测	免费	$1. 50	$0. 60
徽标检测	免费	$1. 50	$0. 60
图片属性	免费	$1. 50	$0. 60
剪裁提示	免费	若购买了图片属性服务，此功能免费；否则为 $1. 50	若购买了图片属性服务，此功能免费；否则为 $0. 60
网络检测	免费	$3. 50	请联系 Google 了解详情
对象本地化	免费	$2. 25	$1. 50

内部商业模式

虽然前面提及了很多 API 对外的商业模式，但是企业 API 使用最多的场景反而是在企业内部。

笔记应用 Evernote 的所有 API 调用中，99% 用在 Evernote 内部，而外部的调用只占 1%。流媒体服务商奈飞（Netflix）的 API 调用绝大部分来自网内的 1000 多个终端设备，包括机顶盒、iPad、iPhone、TV APP 等。

企业 API 并不仅仅是对外提供给客户和合作伙伴，企业自身的数字化升级和敏捷性提升更需要 API 体系的支撑，这才是企业 API 对于数字化战略的全部价值。

提高效率

如果可以支持企业更快速地抢占市场，也是对既有商业模式的推动。速度提升对企业收益的改善，在大部分情况下都是可以衡量的。

内部 API 的完善程度越高，企业对市场的反应速度就越快。而且存续时间越长、既有系统越纷繁复杂的传统企业，API 战略带来的市场反应速度的提升就越明显。

一些外资公司进入中国时，通常会引进本国公司既有的核心业务系统，这些系统成熟稳定，但是技术却非常陈旧。如果基于这些系统进行开发，周期都很长，随便一个需求变更开发，都是以月计算的项目周期，这样的速度根本无法满足日新月异的市场变化。

通过对这些核心业务系统进行 API 封装设计，可以有效地把这些系统资源调动起来，彻底解放数据资源和业务能力，为业务流程 API 和用户体验 API 提供基础支撑。与此同时，在业务流程层和用户体验层快速开发新的 API，又可以快速应对市场需求和变化。

把动辄数月的市场响应速度，加快到几天甚至几个小时的时间，无疑是企业 API 商业价值的体现，更是对企业既有商业模式的促进和加强。

推动创新

企业内部 API 体系的建设可以激发出更多的业务创新，使之前难以想象的新产品和新服务得以实现。

以保险公司为例，不同的业务条线是通过相互独立的核心业务系统进行管理的，而不同的技术体系和数据结构，往往使这些系统不容易被协同起来管理。

随着以客户为中心战略的实施，保险营销队伍交叉销售已经成为主流的销售模式。每个保险代理人在手机上通过一个交易 APP，就可以为客户完成复杂的保险组合交易，通过一次输入客户信息就可以实现多个产品融合的保险方案销售。

通过系统层封装，保险核心业务系统的 API 在这样的业务创新中功不可没。还记得 10 年前保险公司网站上那些莫名其妙的登录入口吗？客户有的时候甚至需要分别去登录不同的入口来购买不同的险种。今天采用 API 设计，可以让这一切变得简简单单，客户体验也更加统一。

正是有了内部企业 API 的支撑，以客户为中心的服务才真正成为现实，创新的商业价值也被创造出来。

共享服务降低成本

商业模式除创收和创新之外，也包括改善运营效率和降低成本。

通过企业 API 体系结构的分层解耦设计，更多的系统资源服务可以被有效地共享和重用。

如果为系统资源层的核心业务系统封装了 API，比如账户信息查询 API，多个业务流程层应用就可以直接调用这些 API。如此一来，新的流程层应用也不需要再牵扯到系统层的开发，只需要阅读系统资源层 API 的联机文档就可以调试和使用。

同样的，新的渠道伙伴需要对接时，即使再怪异的接口协议，也只需要在用户体验层增加新的变更。流程层和系统的 API 都可以被重复使用，无须更改。

一方面，传统的核心业务系统对外提供的服务能力是相对稳定的，只要做好梳理并封装成可以被充分重用的内部 API，就足以支持企业的业务发展。另一方面，掌握传统系统技术的人力资源会逐渐变得稀缺，而且成本也会越来越高。尽可能地进行 API 封装，也是降低开发和运维成本的有效手段。

第六部分
企业 API 绩效考核体系

发展企业的 API 战略需要相应的 KPI 考核体系，这样才能合理地衡量企业 API 的绩效和价值。而传统 IT 思维下的 KPI 体系并不适用 API 战略。

记得 20 年前中国第一家海外上市的科技企业亚信的创始人田溯宁说过："我们用了 10 年才学会如何从做事情到做生意！"

传统上，与 IT 相关的 KPI 体系更多的是围绕"做事情"来设计的。预算完成率、项目按期交付、代码质量、故障率、系统可靠性指标等，所有这些 KPI 都是在评估考核事情"做得好不好"。

把事情做好当然没有错，但是企业 API 战略的真实初衷是创造商业价值，通俗地讲就是田溯宁说的"做生意"。

API 战略是为了商业创新、响应市场、拓展营销渠道、获得新的客户、新的产品服务、交叉销售、向上销售、赢得合作伙伴、吸引流量、加快内部系统共享、降低开发成本、支持全渠道战略，总而言之，都是为了创造商业价值，都是为了更好地"做生意"。

既然是做生意，就不能只考虑"做得好不好"，还要看商业价值有没有真正地被创造出来。切实落实 API 战略，就要把商业的维度纳入 API 的绩效考核体系中。

因此，除了看企业 API 本身做得好不好，还要看企业 API 有没有真正被使用起来，用户如何评价的，使用 API 的开发者的反馈是什么，有多少基于 API 的业务创新，有多少新增的业务收入，API 战略的投资回报 ROI 又如何等。

对于企业 API 的绩效考核维度，绝不能禁锢在传统 IT 思维中，一定要从更高的角度审视企业 API，一定要建立企业发展的多维度思维框架。

对API的衡量角度

不同的企业管理者，他们对于 API 的衡量角度也是不同的，在他们心目中的 KPI 指标的优先级也各不相同。

从首席执行官 CEO 的角度来看，他们更关注以下几个方面：

——API 是否有助于企业完成数字化转型升级；

——API 是否有助于构建开放型的新型企业；

——API 是否有助于企业变得更加敏捷；

——API 是否有助于建立更为广泛的战略合作伙伴关系；

——API 是否有助于推动企业战略生态环境的形成；

——API 是否有助于推动企业数字文化建设。

而作为企业财务负责人的首席财务官 CFO 则更关心以下几个方面：

——企业 API 创造的新业务收入规模有多少；

——新业务的利润率是否合理；

——企业 API 战略的投入产出比高不高；

——建设 API 体系需要多少资本开支。

首席营销官 CMO 也要加入企业 API 战略之中，他们更关注以下几个方面：

——API 获得新客户的成本是多少；

——获得开发者的成本是多少；

——开发者的分布情况；

——企业 API 门户的访问量有多少；

——互联网上搜索本企业 API 的次数；

——社交媒体关于企业 API 品质的评价；

——针对开发者的市场活动是否成功。

当然不能缺少首席信息技术官 CIO 这个角色，他们更多的是关注企业 API 的技术 KPI，API 的性能压力、可靠性、稳定性、故障率、差错率以及使用负载等。

十三个KPI维度

具体到可以量化的指标，企业 API 的 KPI 也许可以从以下十三个维度进行分解。

流量维度。包括所有 API 调用次数、每个 API 的调用次数、最常用的 API、最少被调用的 API、API 的调用顺序、并发量等。

开发者维度。包括覆盖开发者数量、注册开发者数量、活跃开发者数量、创收开发者数量、转推荐开发者数量、开发者存续比例、使用 API 最多的开发者、创收最多的开发者、应用最多的开发者等。

应用维度。包括使用 API 的应用总数、使用 API 最多的应用、增长显著的应用、调用次数最频繁的应用、创收应用的数量、创收最多的应用、僵尸应用、调用失败率最高的应用等。

服务维度。包括 API 性能、API 可靠性、API 错误率、代码故障率、出错率最高的 API、最稳定的 API 等。

推广维度。包括开发者注册数量增长、开发者转换率、开发者增长率、开发者转介绍率、开发者忠诚度层次、开发者来源、开发者活动效果等。

支持维度。包括支持请求次数、支持响应速度、最常请求的支持、支持成功率、支持失败率、最常被寻求支持的 API、最少被寻求支持的 API、尚未解决问题的数量等。

业务维度。包括 API 直接收入规模、API 间接收入规模、API 在同类市场中的份额、API的交易成本、API的ROI、创收最高的API、创收最低的API等。

满意度维度。包括开发者净推荐值、开发者流失率、最受欢迎的API、最差评的API、支持满意度评分、文档满意度评分等。

成熟度维度。包括API稳定程度、API成熟度指标、API更新频率。

品质维度。包括API故障率、API性能、API出错率、API修复率、API文档一致性等。

社区维度。包括开发者社区规模、社区活跃度、社区志愿者的数量、社区帖子的数量、社区正面评价指数、社区负面评价指数、API社交媒体的曝光量等。

渠道维度。包括应用数量、用户终端渠道数量、应用类型分布、终端类型分布、终端操作系统分布、地域分布、渠道收入分布、渠道增长速度等。

创新维度。包括新API数量、应用种类、市场响应速度、竞争优势指数等。

生态系统KPI

企业构建战略生态系统和强化价值链的能力越来越成为数字化企业领导者的关注焦点，所以在考量企业 API 的绩效表现时，还可以从价值链的角度来构建 KPI 体系。

价值链一端的企业更关心的指标，包括 API 收入贡献、企业合作伙伴网络的规模、企业产品服务在市场上的占有率以及企业的创新优势地位。

API 作为企业对外提供服务的窗口，企业关心的是 API 的调用次数、哪些是最重要的 API、API 调用的分布情况，以及 API 对资源的占用情况。

使用企业 API 的应用开发者，关心的则是开发者的整体数量、活跃开发者的数量、开发者人均产能、重点开发者的数量甚至“僵尸程序”的数量。

终端应用 APP 是连接最终用户的环节，这使终端 APP 的数量、应用 APP 增长率、APP 的个均收入、全渠道的分布和应用 APP 的流失率等 KPI 指标变得重要起来。

最终用户是价值链的最后一环，APP 用户数量、户均业务贡献、用户增长率和用户流失率这些 KPI 尤为关键。

价值链中使用企业 API 的开发者，它们是整体生态环境中最为重要的环节。在后面的章节中，我们将会深入地探讨开发者的重要性，以及发展开发者社区的方式、方法。

因此，围绕着开发者发展历程，企业可以制定相应的 KPI 指标，这也是衡量企业 API 发展绩效的有效方法。

第七部分 企业治理与风险管控

作为新一代的技术工具，企业 API 极大地推动了业务的发展和产品创新，也通过高效的共享与重用节约了大量的成本。实际上，API 战略的实施对于企业治理和风险管控来说，也必将产生非常积极的影响。

一方面，企业 API 让客户、合作伙伴以及内部系统获得了访问业务数据的能力；另一方面，企业 API 有效的安全机制，也让企业治理和风险管控变得更加容易。毕竟业务数据是企业最有价值的资产，对这些资产的保护是至关重要的。

数字化企业的重要支撑

API 已经成为企业数字化战略中必不可少的角色。一些顶尖的企业甚至已经让 API 支撑 80% 以上的数字化流程。

企业 API 是全渠道发展的新驱动力。无论是在实体店、移动 APP、网页或者任何新兴的渠道上，企业的客户都可以获得完全一致的服务体验。能够实现这样的体验，企业 API 功不可没。

企业 API 提供了安全的信息交换方式。企业 API 在支持全渠道客户体验提升的同时，也保护了企业核心信息资产。通过 API 访问数据能够让信息流转的路径清晰可见。基于 API 的一致性界面和集中的控制，企业可以构建统一安全的信息交换模式。与此同时，API 也把遗留系统的变更、升级、纠错等问题与新的应用隔离开来。

企业 API 更好地支持了业务应用的开发。企业不能再因为某一个新的业务需求，就点对点地连接核心业务系统。取而代之的应该是通过标准的 API，安全有效地和业务系统协同工作，从而快速响应业务部门层出不穷的新需求。

企业 API 让后台系统更加统一。很多企业实施 API 战略纯粹是为了提升内部系统的效率。这些企业内部有数以百计的业务系统，不同的业务条线都有自己的应用，甚至还有收购兼并的 IT 资产。内部实施 API 战略，可以有效地屏蔽各自系统的复杂性。通过集中的 API 管理平台，企业可以更容易地实现系统间的整合和联动。

企业API有效地支撑了业务扩张。通过API，企业可以安全有效地授权新业务部门甚至外部的合作伙伴，快速获得核心业务的服务支持。毕竟市场机会稍纵即逝，谁能够立刻响应市场，谁就能够赢得先机。

提升治理能力

近年来，企业风险管理越来越受到重视，企业治理的理论框架也日益成熟，而企业 API 战略可以帮助企业治理规划的落地执行。

风险管理文化

对于那些风险敏感度很高的企业，企业风险管理文化建设是治理的重点。没有良好的企业风险管理文化，可能会导致企业发生过度冒险、破坏规则和投机的行为。而健康的企业风险管理文化会使企业在合理的风险水平下实现创新、诚信和开放三者的平衡。

集中式地管理企业 API，会有助于塑造正确的企业风险管理文化，而且还可以在规则明确的环境里为业务创新提供一个安全的平台。

实际上，好的创新文化会同时强化企业治理的核心价值。就像零售或者消费品企业，它们在创新营销理念的同时，也不会忽视对自身品牌价值的保护。而企业 API 战略，不但可以确保客户获得一致的服务体验，还可以实现品牌的统一性。

强化管理能力

称职的管理层会密切关注企业方方面面的利益与需求。为了实现积极的发展目标，未来的管理层往往需要顶着压力，快速地作出对公司敏感数据资源使用的授权。决策的迟缓很可能会导致失去市场机会，甚至导致客户的不满。

API 管理平台恰恰在此时可以发挥重要的作用。安全可控的企业 API 不但会使业务部门、客户和合作伙伴更好地协同起来实现业务创新，而且可以确保所有的行为符合企业的标准和规范。

另外，企业的 API 体系和管理流程会积极地引导员工、合作伙伴和客户正确地使用商业数据，而对于所有的数据使用的管理和控制也会变得更加容易。

提升敏捷性

面对瞬息万变的商业环境，企业不但要更敏捷地应对变化，还可能要适时地调整组织结构和关键职能责任。今天的企业必须要能够在承担一定风险的情况下，在传统保守主义和企业家精神之间找到一个平衡点。但更加频繁的调整也要求企业在发展的同时能够解决随时引发的职能间的冲突。

企业 API 管理平台提供了功能强大的技术手段，既确保了数据应用全流程的管控，又支持应用的快速开发和升级迭代，对提升企业的敏捷性大有裨益。

配合监管合规

在21世纪初的各种金融丑闻之后，各个行业的监管合规越来越严格。政府监管部门也开始要求企业提供更多的数据证据来证明企业的依法合规。

企业API管理平台通过制定一致的标准，最大限度地保证了数据获取的灵活性和效率，从而可以更及时地获得数据以满足新的监管要求。

一旦有风险事件发生，API管理平台也可以很容易地根据监管要求的格式及时提供数据系统日志和报告，并在必要时进行数据的屏蔽和隔离。

明确风险责任

风险管理的最佳实践建议，企业要下放风险评价权利，并将责任交给最直接参与运作的人。因此，一套可以实时监控制衡的系统至关重要。

企业API管理平台使用标准的接口，并针对角色和分组进行风险控制，既支持了各个小组的快速创新迭代，又能够明确风险责任。

面向新兴业务或者合作伙伴，企业API管理平台还允许在应用程序生命周期的各个阶段选择多种方法进行管理，从而确保风险责任清晰明确。

企业合规

企业 API 管理平台可以帮助企业更好地解决合规问题。

合规评估

企业必须经常性地审查新的销售渠道和服务机构。在商业生态蓬勃发展的今天，合作伙伴的多样性越来越明显。

企业 API 管理平台通过安全授权机制，可以更有效地监控合作伙伴有意或者无意的不当行为，从而实现实时的风险监控与评估，并可以及时针对性地断开连接。这样既保证了合规合作伙伴的业务不受影响，又可以防范风险的发生。

合规控制

绝大多数企业与商业伙伴和第三方的协议中，都有赋予公司监督合作伙伴行为的条款。企业 API 管理平台可以通过强制执行服务水平协议、流量控制和安全加密数据等手段，把合约中的监督条款付诸实践。

通过企业 API 管理平台，可以更加快速地捕捉到核心业务数据的不当使用，从而更加有效地保护企业数字资产。

合规培训

政府监管合规的发展很快，新的政策法规不断出台。企业可以根据API管理平台设计的角色和流程，更加有效地对相关人员进行新政策法规的培训，以最快的速度满足监管的要求。

合规监督

企业API管理平台可以部署合规监测系统，不但可以快速识别合规的问题，还可以立刻进行修复和解决。

企业API管理平台能够提供所有系统数据的使用情况，保留完整的审计跟踪轨迹，这对于合规管理工作非常有价值。

第八部分
开发者推广计划

无论如何，企业API毕竟有较强的技术属性，因此应用API也不会简单到像用Word写文章，或者用Outlook发邮件那么简单。

赢开发者赢天下。企业API的使用者终究还是那些掌握技术技能的开发者，只有赢得开发者的信任，并引导他们使用企业的API，API战略才能够真正获得实施和贯彻。

回想一下微软的Windows、谷歌的安卓和苹果的iOS，哪一个不是因为吸引了众多的开发者支持，才赢得市场领先地位的？在API经济里，开发者同等重要。只有赢得开发者支持，企业API战略才能获得成功。

这些开发者可能是独立个人，也有可能是某个机构。他们既可能是合作伙伴企业的开发者，也可能就是企业内部技术部门的同事。

但是开发者有别于通常意义上的客户或者业务合作伙伴。客户需要的是产品服务可以创造价值、解决问题，而业务合作伙伴还需要可以共同发展并分享收益。

开发者发展漏斗

之前说过，开发者的发展与销售人员获取客户有类似之处。通常企业会用销售漏斗这种直观的图形表示公司客户资源从潜在客户阶段，到意向客户阶段，再到谈判阶段和成交阶段的比例关系，或者说是转换率（见图1）。

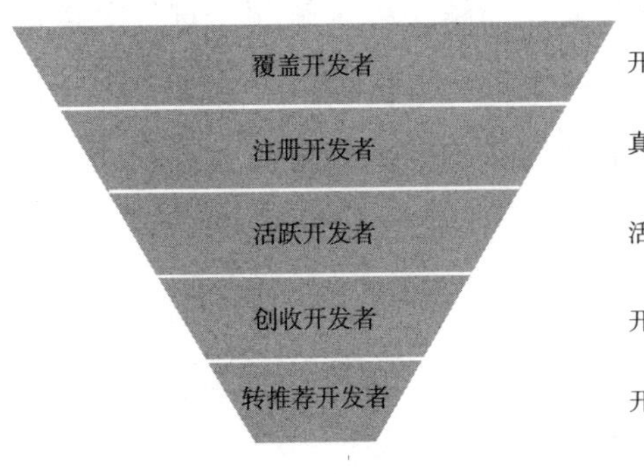

开发者来源，开发者门户流量、点击率、独立访问量

真实注册开发者数量、API密钥发行量

活跃开发者数量、开发者API调用统计、APP调用统计

开发者人均创收、APP单位创收、最终用户创收贡献

开发者推荐次数、开发者净推荐值

图1　开发者发展漏斗

企业同样可以用漏斗模式表示发展开发者的进展状态，从尽可能地覆盖潜在的开发者，到说服开发者进行注册再到推动开发者真正地应用企业的 API 并保持一定的活跃度，然后到通过 API 实际地产生收入，甚至向其他的开发者推荐企业的 API。

想要吸引开发者加入企业 API 战略中来，就需要积极地推动开发者计划。而且企业不仅要扩大覆盖开发者的规模，更重要的是把他们转化成为创收开发者甚至是转推荐开发者。

覆盖开发者

覆盖开发者是那些通过推广宣传吸引到企业 API 门户的开发者。企业当然希望越多的目标开发者访问企业 API 门户越好。要做到覆盖到更多的目标开发者，企业就要加大推广宣传的力度，比如在各种媒体和社交平台上广而告之。当发布一个新的 API 时，企业还要进行搜索引擎优化，确保可以被开发者找到。企业也可以尝试在 API 门户上增加相关的内容，来增加搜索的相关度。

如果开发者是点击宣传广告进来的，一定要作来源的统计分析。如果开发者是通过直接访问进来的，在 API 门户的注册流程中，最好询问开发者获得企业 API 的渠道。这样企业才能越来越了解哪个宣传渠道最有效。当然这样的询问一定不要让注册流程变得烦琐。

不过经验表明，通过广告宣传覆盖到的开发者比例并不高，而口碑传播才是覆盖开发者最有效的方式。

注册开发者

覆盖开发者一旦正式注册了企业 API 的开发者账户，就会成为注册开发者。

如果企业 API 门户覆盖开发者的数量很大，就是没有太多的注册开发者，这往往意味着企业需要改善 API 门户和开发者论坛。特别是要安排专人值守，以确保所有的咨询和问题都给予及时的反馈和答复。

API 门户的注册流程是快还是慢，是简单还是复杂，提示信息是清晰还是模糊，企业一定要从开发者的角度来认真审视注册流程，这样才能获得客观的评价。

活跃开发者

如果已经开始将企业的API整合到自己的应用系统中，这样的应用开发者就是活跃开发者。

要是已经有了很多注册开发者，却没有什么活跃开发者，企业则要尝试增加更多的互动API文档，并支持开发者直接在API门户上进行API的调试。互动API文档让开发者更容易理解API的技术细节，而在线模拟调试更会激发出技术人员的开发热情。

创收开发者

不但把企业API整合进了自己的应用之中，而且为企业创造了真实收入的开发者则称为创收开发者。他们是实实在在为企业创造商业价值的开发者。

如何提升从活跃开发者到创收开发者的转化率呢？企业通过分析，可以清楚地看到哪些应用APP已经投产，而哪些已经开始创收。转换率不高通常说明开发者虽然在尝试开发使用，但是还没有下决心把企业API真正投入正式的商业应用中。

这时企业需要一方面增加代码示范，另一方面打造样板工程，以此来体现API的业务能力和竞争差异性。这时，还可以宣传那些成功的应用案例，让榜样发挥带头作用。成功的故事和实际的案例是最具有说服力的。

转推荐开发者

那些不但自己使用企业API，还主动向其他开发者推荐企业API的开发者则是转推荐开发者。如前所述，口碑传播是推广开发者计划的最佳方式，而来自实践者的推荐是最有效的营销。如果这些创收开发者同时又是技术极客，那么他们的推荐将极具感召力。

要想让已经开始创收的开发者向其他开发者推荐企业 API，其实最好的方式并不是用钱来激励，增强开发者对企业 API 的信任和技术荣誉感才是更有效的方法。

企业要对创收开发者提供最好的服务和支持，更要确保 API 在开发者的应用中稳定地运行并且性能卓越。

与此同时，要在开发者社区乃至行业和市场上大力宣导转推荐开发者的成就，把他们树立成为技术榜样和商业典范，让这些开发者与企业之间形成真正意义上的共赢战略关系。

开发者需要什么

今天的数字化企业都在纷纷推出企业 API 和开发者支持计划。实际上开发企业 API 并不难，能够从众多数字化企业中脱颖而出，获得较多的开发者支持才是真正的挑战。

无论是内部还是外部的开发者，对于企业来说，最重要的事情就是要推动开发者，让他们把企业 API 整合到自己的应用服务中。

随着移动 APP 的普及，APP 应用开发者变成了价值链中的关键环节，只有他们才能够让企业 API 服务到最终的消费者。企业也许从来没有想到，应用开发者居然成了企业的渠道合作伙伴、间接的销售团队和增值的经销商。在今天的市场环境中，赢得开发者的支持和帮助也成为企业努力的目标。

只有让开发者顺畅地基于 API 开发出创新应用，企业 API 才有机会发扬光大。企业除要确保 API 的稳定、可靠、易于扩展之外，还要为开发者提供强大的技术支持，帮助他们改善终端用户的体验。

实事求是

推广企业 API 既是一个技术挑战，更是一个营销难题。很多企业在向开发者推销 API 时容易误入歧途。

开发者是一群特殊的群体，他们非常务实，喜欢实事求是地交流，而不是过度营销。他们希望看到用户使用他们的应用程序，而且他们对任何浮夸的营销措辞都嗤之以鼻，对传统的营销方法和优惠都有天生的排斥。所以要想构建开发者社区，企业必须充分了解开发者的真实动机。

提升技能

所有开发者对于他们认为没有前途的技术一定是拒绝的，所以那些仍然采用过时技术的API注定不会被开发者喜欢。

现在的开发者更倾向于追随有发展前景的技术路线，比如对通用标准的支持及RESTful风格的API、RAML和JSON。

解决具体问题

开发者都是实用主义者。

像推特那样的API和Node.js等框架之所以成功，就是因为它们可以帮助开发者解决实际应用难题，或者提高开发效率，或者帮助他们的应用更快地进入市场，或者完成当前的项目，总之必须要有实际的价值。

经济激励

尽管有许多开发者对纯粹的技术创新充满了热情，但他们中的绝大部分并不只是在凑热闹。iPhone应用商店和谷歌应用市场的成功证明了这样一个事实，大多数开发者都渴望自己的软件和服务可以销售出去，也希望获得更多的收入。

获得认可

软件开发者都希望他们的应用被用户真正地使用，使用他们产品服务的用户越多，开发者就越有成就感。

开发者的个人知名度和产品美誉度将决定软件开发者的职业发展和前途。

服务开发者

既然开发者对传统的营销模式天生地排斥，那么就务实地与他们合作吧。

利用开发者渴望学习和愿意协同的特点，企业 API 推广者更应该针对合适的开发者，提供充足的信息和工具，并及时地告知 API 的开发进度。这样更能够引起开发者的关注，企业 API 也更有可能被认可和采用。

区别对待

尽管开发者具有上述共同的特征，却并不意味着所有开发者都是一样的。他们依然可以进一步分为不同的群组，比如，可以按照技术兴趣、常用技术工具或者技术平台等分成不同的群组。

另外一个维度就是他们的技术水平，是业务爱好者、专业人士还是领域专家？一名刚毕业的软件专业本科生和一名工商银行的资深金融应用架构师的技术水平显然不可以相提并论。

面向不同的开发者群体进行针对性的推广活动一定会获得更好的效果。“我们需要和微信小程序的开发者沟通”肯定比泛泛的“我们需要和程序员聊聊”更加有效。越是个性化的技术沟通，越会帮助企业 API 推广者找到有价值的开发者。

影响力营销

开发者行业有其特殊的文化氛围和崇拜链。所谓技术极客不但有强大的影响力，还会得到同行的尊重和钦佩，并被赋予某种领导力。

普通开发者和最好的开发者两者在工作质量和生产效率方面也存在很大的差距。一个超级程序员的生产力和效率可以是普通程序员的10倍。因此，寻找技术水平高的开发者合作，会获得最佳的反馈和结果。

企业需要花费一些时间去研究目标社群，并尝试与其中的活跃分子沟通。相信用不了多久，就会找到技术极客。这些人是社区的核心纽带，通常发布的帖子最多，对他人的反馈也最积极，也许还经常组织现场活动。

企业积极主动地联系这些技术极客，真诚地听取他们的反馈意见，了解他们的诉求，如果认为他们确实对企业有价值，那么就通过支持或赞助他们组织的社区活动来赢得他们的认可。

企业还应该进一步邀请这些有影响力的人积极参与到企业API的开发中来，并积极征求他们的反馈意见。只要这些技术极客从心底里认可了企业API，他们就会与同行谈论这些API的价值，并协助其他开发者使用企业API。他们甚至会在企业API遇到临时问题时，主动出来帮忙解决。这样的推广效果胜过所有夸夸其谈的营销。

推广企业API不能仅停留在激发开发者的开发意愿上。只有意愿是远远不够的，最好的推广策略是争取让开发者成为企业API团队的一部分。这样既可以帮助企业不断地改善API，还能够让开发者全力以赴地去开发应用。

很多成功的软件公司做到了这一点，比如微软、IBM。他们为技术极客举办市场活动，并与技术极客协同工作，甚至为技术极客制作专属的商务名片。

同样的策略也适用于其他类型的有影响力的人。实际上，构建 API 开发社区既是为了和开发者紧密接触，也是为了更广泛地推广企业 API。

美国的 Yelp 平台就是一个很好的例子，Yelp 通过在各个城市举办开发者活动，不断巩固其核心开发者社区。通过这些活动，Yelp 的技术精英们欢聚一堂，相互交流，切磋技术，从而形成了牢固的合作关系。

相关领域

有的时候，企业还要关注目标开发者经常使用哪些其他的 API。如果目标开发者经常使用 Salesforce 的 API 或者阿里云的 API，那么企业就可以考虑经常参与相关的活动去建立合作关系。

如果目标开发者的代码都存储在 GitHub 上，那么企业 API 的代码示例最好也在那里放一份。总之，要寻找各种机会和目标开发者在一起共事，并随时为他们提供各种方便。

七个成功要素

基于开发者的真实需求，企业 API 要制订切实可行的开发者推广计划。概括来讲，开发者推广计划要具备以下七个关键的要素，才有可能获得开发者的支持。

优秀的企业 API 产品

之前反复强调一定要用产品管理的理念来看待企业 API。

实际上，企业 API 产品好不好，是企业 API 战略成功与否的大前提。无论如何，企业 API 首先要为开发者提供真正有价值的 API 产品。市场上有成千上万的企业 API，没有优秀的 API 产品又凭什么可以获得开发者的支持呢?

少即是多。一般来讲，企业 API 的功能越多，反而越难以让开发者感觉到其独特性和竞争差异，功能太多也更难以让开发者顺利地应用到重要的应用场景里，所以千万不要没有重点地把成堆的功能一股脑地塞进 API 产品里。

保持专注。有的时候，专注于某一类应用场景设计 API，会更容易赢得开发者的支持。如果总是号称无所不能，反而无法满足开发者的具体需求。

让 API 产品与众不同。让企业 API 具备某些特质，可以使开发者爱不释手。当然，API 产品再酷也无法吸引所有的开发者，但至少可以让特定的目标开发者情有独钟。

从开发者的角度设计 API 产品。最好的设计都是从客户的视角构建产品的。企业 API 文档应该看起来更直观，让开发者就像阅读一本书一样自然舒服，完全不需要太多摸索和猜测揣摩。

全程支持。技术支持至关重要。开发者使用企业 API 难免会出现这样或者那样的问题。没有哪个产品可以满足所有的需求。一旦开发者遇到难题，企业的支持人员就要迅速予以响应。即使不能马上解决问题，也要立刻给开发者回复，不要让开发者感觉到绝望无助。

易用的企业 API 门户平台

API 门户一定要便于企业与开发者更好地进行交流与合作。企业一定要让 API 门户简单易用，而且最好是免费注册的。如果只需要通过简单的注册流程，开发者就可以快速看到 API 服务的细节，他们就能够早些了解并使用企业 API。

首先要注册简单，这是最基本的要求。最好让开发者可以在几分钟之内就完成注册流程，这样开发者才有兴趣进一步了解企业 API 的详细信息。

至少要有一些免费的服务。如果开发者只是查看企业 API 就要收费，无疑给 API 的推广设置了很多不必要的障碍。就算一定要收取费用，明智的企业也会至少保证一些功能是免费的，这样才能确保开发者切实地体会到企业 API 的真正价值。很多时候，给开发者提供一些免费的服务，哪怕只是一个月的免费服务，也会极大地提高开发者对企业 API 的接受程度。

别让身份验证成为绊脚石。通常情况下，调用 API 的身份验证程序是必要的，但这样也容易造成开发者使用上的困难。因此，可以考虑提供一个不需要认证的调用端口，让开发者进行一些尝试性的调用测试。

确保 API 文档易于浏览。企业 API 的相关文档一定要完整而且一目了然，最好使用互动型 API 文档，这样开发者使用起来会更方便。一些成熟的商业 API 管理平台，比如 Anypoint，提供了非常好的 API 浏览界面，其简单易用并且支持即时模拟测试。用这些平台构建 API 门户会让开发者更容易学习和使用。

API 使用条款清晰易懂。企业 API 的使用条款是必不可少的。但是，只有清晰易懂的条款表述才不会让开发者望而却步。开发者对于那些晦涩难懂的术语，或者过于强势的条款，一定会避而远之。另外，条款中最好要有涉及数据的所有权、交易隐私以及如何关闭开发者账户等问题的解释。

做到信息公开透明。在技术方面，要明确告知诸如调用频次限制之类的规则。另外，如果需要有披露和通知，就要把相关信息非常明显地展示出来，尽可能让所有开发者一眼就看到。

沟通最好个性化。如果给开发者发欢迎邮件，最好使用企业的具体联系人的邮箱，而不是 help@ company. com 之类的邮箱。要随时关注服务号或者论坛，一旦有开发者提及 API 的相关问题，就要尽快回应和解决。

API 支持人员应该认真负责并且技术熟练。虽然支持人员不一定要马上解决问题，但是及时回应和确认对开发者来说更重要。

诱人的开发者激励政策

使用企业 API 的开发者，或者是商业合作伙伴和客户，或者是企业内部的相关人员，他们基于企业 API 来构建自己的应用系统。

开发者使用企业 API 需要激励。客户需要获得商业价值，商业合作伙伴需要获得共同发展，即使内部的开发者也需要提升企业内部的收益和达成工作目标。所以企业一定要制定有吸引力的开发者激励政策，来鼓励大家积极地使用企业 API。

全方位的 API 推广宣传计划

如果开发者根本就不知道企业的 API，实际上就等于这些 API 不存在。如果不积极宣传，API 推广计划注定会失败。这就是负责企业 API 的部门必须要有 API 推广专员这样一个重要角色的原因。

启动公关宣传。有条件的企业可以聘请专业的公关广告公司来宣传推广企业 API。在相关的技术平台、论坛或者媒体上投放广告或者软文，可以很快地提升企业 API 在开发者圈子里的影响力。企业可以宣传 API 的技术先进性、业务特色、竞争差异以及激励政策，总之要让大家了解企业 API 的商业价值。

内容分发。大部分开发者会访问企业的网站以获取相关的信息，因此企业一定要让搜索引擎可以找到 API 开发者门户，企业甚至可以跳出自身的平台，尝试到其他的开发者社区主动分发企业 API 的相关内容。

参与社交媒体和论坛。除开发者常用的平台之外，很多社交媒体平台也是开发者获得信息和聚集的重要场所，比如微信、QQ、知乎、领英。到一些论坛参与技术讨论和问答，也是推广企业 API 的有效方法。在这里并不需要营销式的口号，直截了当的表达反而是最好的方式、方法。

与开发者面对面地交流。好的企业 API 推广专员会走出办公室和开发者面对面地交流。无论是单独的会面，还是座谈会、报告会抑或研讨会，这些现场会晤和交流都会更好地建立和开发者的密切关系。

参与开发者社区。企业自己的开发者社区或其他的开发者社区都是与开发者交流的好地方，企业 API 的推广要仰仗整个行业开发者的支持。

良好的开发者支持体验

好的体验不是一句空泛的表述。好的体验包括一些具体的事情：开发者是否容易找到需要的信息、资源和开发工具；企业是否提供了出色的 SDK；开发者是否可以与其他开发者沟通，以便他们遇到问题的时候，进行讨论并找到答案；是否能搜索到常见问题（FAQ）；服务条款是否容易找到并且清晰易懂。好的体验还包括一些无形的方面。当我们问开发者，到底是什么让他们愿意使用企业 API 的时候，答案往往不是这些 API 本身，而是在幕后支持开发者的团队。这个团队要能够帮助开发者提升技能，要能够在有问题的时候施以援手，并且在社区中营造温馨的氛围。

最后强调一遍，开发者的注册流程体验要绝对是最好的，这是成功的开始。

活跃的开发者社区

企业最终需要建立一个开发者社区，并让企业 API 推广专员积极地促进开发者之间的交流，从而提升社区的活跃度。衡量开发者社区是否活跃有一个有趣的指标，这就是看社区里有没有外部开发者在帮助另外一些开发者解决问题。

当然也不要指望建个社区就万事大吉，还需要提升社区的活跃度，这是一份既辛苦又需要耐心的工作，既要与开发者在线交流、现场会面、进行演示，还要鼓励开发者尝试使用 API 并提出反馈意见。只有这样，才能够一步一步地把开发者社区培养起来，最终把开发者群体变成发展企业 API 的动力。

定期的编程马拉松

编程马拉松的叫法源于黑客马拉松（Hackathons），最早是黑客们炫技和交流的比赛活动。而今编程马拉松已经成了推动企业 API 推广计划最行之有效的方法之一。

编程马拉松通常会要求开发者在限定的时间内构建原型应用，然后通过评测来选出胜出者并予以奖励。组织举办编程马拉松有一些关键点需要特别注意。

首先，要明确比赛的目标。编程马拉松是获得开发者对企业 API 进行深度反馈的最好机会。所以不要用这种方式来作为招募开发者的方式，也不要希冀能够开发出太多的样本应用。

其次，最好先在企业内部举办编程马拉松，然后再面向外部的开发者。先激发内部开发者的热情和想法，对确保外部活动的成功有很大帮助。

再次，在举办自己的编程马拉松之前，可以先尝试以赞助的形式，参与别人举办的一些赛事。通常可以设立一些奖项，或者设立企业的展台，以获得开发者对企业 API 的关注。

甚至可以找一些开发者把企业 API 整合到他们的应用中，然后支持他们参加其他的编程马拉松赛事。如果这些开发者赢得了比赛，同时确实使用了企业 API，那么可以给他们一些额外奖项作为鼓励。

举办编程马拉松要选择有条件的场地，场地内要有高速互联网、优质的音响设备和独立的会议室等，而且现场的技术支持和帮助也必不可少。

最后，永远不要忘记，获得认可也是开发者非常看重的奖项。这一点在企业内部尤其重要。有的时候，让开发者有机会在同事和领导面前炫技，就是一种莫大的激励，当然，如果还能够辅以物质奖励就更好了。

开发者不满意的八个原因

如果开发者不能获得成就感，他们当然不会满意。如果开发者无法得到经济激励，他们也不会满意。

不过 API 毕竟涉及技术导向的问题，让开发者不满意的大部分原因可能还是那些具体的技术问题，尤其是企业 API 门户的体验、技术细节和系统的运行情况。

以下为常见的八种让开发者不满意的原因，企业 API 管理者一定要尽可能地避免或者有针对性地改善这种状况。

API 文档不完善

不满意的原因：API 门户上的 API 相关文档里对于技术细节的表述不准确，技术信息不完整，文档更新不及时或者缺乏阅读指引。

改善措施：参考样板完善的文档架构，尽可能地使用在线互动文档，聘用专业文档写作人员进行文档的写作。

沟通不顺畅

不满意的原因：企业和开发者的沟通频次过低，通知不及时，代码更新不告知，沟通渠道过少，缺乏应急响应。

改善措施：增加 API 变更日志，公开 API 路径规划，更新通知及时发布，建立多渠道交流。

易用性差

不满意的原因：缺少范例，没有新手指南，API 密钥获得流程烦琐，缺少 SDK，没有多种编程语言示范，不支持拷贝粘贴工具。

改善措施：提供更多的使用图例、通俗易懂的操作手册、新手上路指引、免费试用、不同语言的 SDK，简化注册流程，改善开发工具。

过于复杂

不满意的原因：还在采用复杂的 SOAP，不支持 JSON，过多使用错误信息缩写。

改善措施：尽可能地使用 RESTful 和 JSON，坚持实用主义原则，少使用缩写。

缺乏可靠性

不满意的原因：反应速度慢，Bug 多，经常宕机，没有告知变更，性能差，一致性差。

改善措施：改善 API 运行状态页面，实时监控 API 运行，不要隐瞒问题。

缺少开发工具

不满意的原因：不能 Debug，无法了解使用量，没有测试环境，没有安全授权工具。

改善措施：为开发者提供看板，开发者消费账户，Debug 工具和日志，沙箱测试工具，在线模拟测试。

支持不到位

不满意的原因：没有自助服务，文档单一且处于静态，没有反馈渠道，存在过多的浮夸营销。

改善措施：设立专职的推广人员，经常举办活动，编程马拉松，尽可能通过在线动态文档和代码表述。

法律条款苛刻

不满意的原因：只考虑企业自身，缺少双赢条款，商业约束过多，没有服务水平承诺，访问限制过多。

改善措施：建立共赢基调，条款简单扼要，要体现长久合作、利益共享的思想。

第九部分 企业 API 的实践案例

尽管企业的 API 战略决策与决心至关重要，但是仅有战略是远远不够的，有计划而且强有力的执行与实践才是企业 API 成功的重要保证。

企业 API 战略与实践不但是新兴事物，而且正在快速演进与发展。API 理论体系在不断地完善，实践经验也在逐步积累。因此，广泛地考察和学习那些已经在企业 API 领域付诸实践的真实案例，我们必定可以从中获得有价值的认知和启发，也可以吸取经验和教训，甚至可能有效地规避那些已经被证伪的错误。

《诗经·小雅·鹤鸣》中说："他山之石，可以攻玉。"下面，我们列举餐饮服务、银行、保险、农业、制造、快速消费品、政府服务、社会服务、气象 9 个不同行业的企业 API 实践案例，以供读者参考。这些案例中既有面向企业内部系统整合的内部 API 实践，也有面向合作伙伴甚至开放生态的合作 API 和开放 API 实践。这也进一步印证了企业 API 的价值不仅限于开放的互联网世界，而是可以全方位地帮助现代企业实现数字化转型。

在今天充分互联的数字世界里，API 是无处不在、不可或缺的。

餐饮服务领域的API应用

2018 年 12 月 18 日，中国银联、中国工商银行、中国建设银行、中国银行、中国农业银行、花旗银行、招商银行、浦发银行、中国联通、京东集团、携程、顺丰等来自银行业、通信业、电商业等各行各业的企业代表，齐聚瑞幸咖啡北京总部。

活动现场，瑞幸咖啡副总裁李军宣布瑞幸咖啡的企业 API 正式上线。放眼全世界的咖啡连锁业，瑞幸咖啡是第一个开放 API 的咖啡品牌。瑞幸咖啡的企业 API 平台可以实现企业和瑞幸咖啡之间实时交互，并按需调取瑞幸咖啡券码库的数据。

在开放 API 之前，企业客户如果要采购瑞幸咖啡的优惠码，瑞幸咖啡需要和企业客户双方共同制定发券策略，再由瑞幸咖啡在自己的系统上生成礼品券，然后交付给企业客户，最终由企业客户进行线下发放。消费者获取券码后，需要登录瑞幸咖啡的 APP 使用。

现在企业客户可以随时调用瑞幸咖啡的企业 API，调取加密数据并自动发码或绑券。支付方式可以先付后用，也可以先用后付，还可以随用随付，结算方式很灵活。无论通过什么渠道兑换的优惠码，都可以由一个企业账户核销。企业客户用起来轻松，员工或最终消费者用起来更是简单方便。

截至目前，建设银行、招商银行、浦发银行以及顺丰等机构已经成为瑞幸咖啡该业务的首批企业客户。

那么，四处开设新零售实体的瑞幸咖啡，为什么突然要做企业API平台呢？

拓展消费场景

企业市场规模可观而且消费稳定。瑞幸咖啡将脚跨进了企业市场，就是想深挖更多新的客户。

瑞幸咖啡创始人钱治亚曾经说过，中国人最大的社交空间不在线下，而是在社交媒体，是在微信、朋友圈和微信群。因此要放大网上社交场景，随时随地满足大家的需求，让咖啡找人而不是让人去找咖啡。

那么企业客户有哪些场景可以做到让咖啡找人呢？利用咖啡的两大特点：小额高频和日常刚需。

有以下四种企业客户场景也许可以实现瑞幸咖啡的API战略设想。

第一，积分兑换。比如传统的银行、航空公司用户可以用积分兑换，逐渐培养客户对咖啡的依赖性。今天，消费者在国航的APP或者服务号里面，已经可以通过里程积分换取瑞幸咖啡的产品了，1000里程可以兑换瑞幸咖啡价值21元的饮品抵用券。

第二，会员权益。比如传统的视频网站，其会员用户在续年费的时候，咖啡是很好的权益补充。

第三，员工福利。除自提店之外，瑞幸咖啡也在企业里做了快取店。而API开放平台可以直接把瑞幸咖啡接入企业的员工福利平台，在注册企业的咖啡账号后，员工就可以更方便地享用瑞幸咖啡的产品和服务。

第四，商务赠礼。每年有各种节庆假日，这是中国最常见的商务赠礼场景。瑞幸咖啡有商务礼品的实体卡、虚拟卡和电子卡供企业选择。

具备以上四个场景需求的企业，都可以使用瑞幸咖啡开通的API。

API 和 B2C 的 APP 不一样。B2C 的 APP 只要好用顺手，消费者就能满意。而企业要用 API 管理平台接入，就涉及技术衔接的层面，使用体验不仅仅是页面布局和设计，更需要强大的后台技术提供支持。

作为一家互联网原生的咖啡企业，瑞幸咖啡有一支由 AI 专家、架构师、数据分析师组成的 500 人以上的技术团队，以保证 API 管理平台高并发、高性能以及提供更好的客户体验，不断完成 API 管理平台的升级。技术团队提供 7 × 24 小时服务，确保双方数据的安全性和及时性。

成为超级开放平台

从 2018 年 1 月 1 日开始试营业，瑞幸咖啡仅用了 11 个月，就已在北京、上海、广州、深圳等全国 21 个城市布局 1700 多家门店。

在移动开发者数据分析平台 ASO114 上的数据显示，瑞幸咖啡的苹果 iOS 和安卓手机端的下载量长期居于“美食佳饮”类前三位，平均每天下载量达到 10 万次，本身已经是一个超级 APP 了。

但是换个角度看，也许这意味着瑞幸咖啡的 APP 已经到了流量天花板。而企业 API 则是在既有移动端 APP 的流量基础上，又增加了新的流量来源。如此一来，瑞幸咖啡开始向着超级流量入口迈进，同时也使瑞幸咖啡真正成为一个无限场景开放共赢的平台。

跨界合作

瑞幸咖啡与企业的合作由来已久。

故宫咖啡主题店，是中国唯一一家进入故宫的连锁咖啡店。瑞幸致力于打造咖啡文化 IP，还和体育赛事合作。2018 年的北京马拉松、厦门马拉松，中国网球公开赛，世界顶级单板滑雪比赛，瑞幸咖啡都是赞助商，力求打造更加年轻、时尚、健康的品牌理念。

同时，瑞幸咖啡也注重与互联网企业、高科技企业合作。2018 年的品牌合作第一站就是进入腾讯，接着是华为、百度、猎豹、小米。到现在，瑞幸咖啡进入了很多企业零售店，如奔驰总部店、唯品会总部、今日头条总部店。

瑞幸咖啡在展会现场、体育赛事、文创盛会、科技峰会、知名企业以及新兴媒体六大领域，已经形成无限跨界场景的雏形，既实现了与消费者的接触互动，又和企业品牌合作跨界曝光。

越来越多的企业希望瑞幸咖啡进入他们的企业。而瑞幸咖啡开放 API 管理平台是向企业的进一步延伸，同时满足了企业和其员工的需求。表面上看，是瑞幸咖啡深入企业系统，实际上，是深入更广泛的场景，进一步打通消费者市场。

银行领域的API应用

移动互联网不仅在改变我们的生活，也在改变很多行业的规则和玩法。很多看似传统的企业也开始加速自己的移动互联网创新。企业 API 就是这些企业加速创新的重要手段。

2018 年 7 月，上海浦东发展银行（以下简称浦发银行）宣布对外开放银行 API，成为中国第一家无界开放银行，此举让人眼前一亮。

服务思维再升级

银行作为金融行业中最重要的组成部分，一直以来都是以稳健、安全著称的，而在移动互联网普及之后，各家银行都积极地开始互联网创新。

比如在网银方面，银行 APP 推进速度都很快，产品也都简单易用，让用户免去了到银行网点排队的烦恼。

不过这些突破还局限在银行业务上网阶段。整个银行业务的模型还是把服务集中在一个地方，可能是个 APP，也可能是个公众号或者小程序。这本质上只是业务升级，是网银从浏览器向移动终端的延伸。

这次浦发银行 API Bank 无界开放银行的发布，使大家对银行的既有印象开始转变，银行开放 API 在一定程度上突破了传统的思维。

API Bank 顾名思义，就是一个可以通过系统外接的银行。它并不是一个实体 APP，而是通过 API 架构突破传统物理网点、网银和手机 APP 的局限，把银行产品和服务嵌入各个合作伙伴的平台上，让那些平台上的用户直接使用银行服务，从而实现无缝嵌入更多的应用领域。

无缝嵌入生活场景

随着移动互联网的持续发展，万物互联也就成了一个显而易见的趋势。几乎所有的电子设备甚至家用电器都开始联网，也让互联网的入口开始变得无处不在。不管是自动贩卖机还是自动缴费机，都开始变成人们接入网络服务的入口，同时也就产生了更多的银行服务需求。

浦发银行通过 API Bank 无界开放银行，把银行的服务无缝融入社会生活、生产、管理的各个环节。在客户需要的时候，可以从任何地方直接使用，让银行服务也和互联网服务一样更为快捷和方便。这样大家在使用各种金融功能的时候，也就无须再特意使用手机银行 APP，大大提升了银行服务的便利性。

比如，浦发银行可以把 API Bank 无界开放银行嵌入社区 APP 中，此时用户就可以直接使用社区 APP 支付物业、水电等费用。社区 APP 还可以基于浦发银行背后提供的支付、权益优惠、积分等各项金融服务，发展出更多的社区服务项目。用户使用这些银行服务时，不需要再切入银行的 APP 和网站，通过社区 API 可以直接获得银行的服务授权。

有了 API Bank，银行的服务会更加灵活多变。更重要的是，浦发银行可以直接掌握用户的消费数据，并针对性地进行相关服务推荐，比如预订机票或者酒店等。银行还可以直接给用户推荐分期支付、保险套餐和附加服务的预订等。与此同时，银行也可以感知用户的位置等数据，并作出针对性的优惠推荐，可以更加贴心地服务用户。

另外，通过 API 对接，浦发银行还能对合作伙伴输出市场预测、风险评估、数据分析等能力，助力小微企业成长。

发展新契机

近年来，新兴的互联网金融在实现高速发展的同时，也带来很多新的问题。一方面，很多客户开始重新回归银行，希望获得更稳健的金融服务。另一方面，银行也在不断加速技术创新和产品创新，其服务效率开始赶上互联网企业，再加上银行的风控能力和品牌背书，开始逐步重新赢得客户的认可。

这次浦发银行 API Bank 无界开放银行的创新，不仅实现了技术上的突破，更多的是思维模式和经营理念上的升级和转变。

2018 年 11 月 1 日，浦发银行信息科技部副总经理黄炜对《21 世纪经济报道》记者透露，API Bank 无界开放银行的 API 应用接入已经达 184 家，大型的合作伙伴达 75 家。

保险领域的API应用

太平洋工伤保险公司位于美国加利福尼亚州，是一家专注于企业工伤保险的专业性保险公司。公司根据雇主的个性化需求，提供专业的承保、理赔和风险管理服务。

基于对加利福尼亚州用工制度、法律法规和企业雇佣体系的理解，太平洋工伤保险公司为每家企业量身定制保险规划，从而在降低理赔成本的同时，提升客户满意度。

渠道模式转型

2010 年，太平洋工伤保险公司决定彻底从以往的直销模式转型成为经纪人销售模式。这次转型一方面是为了应对日益激烈的市场竞争，另一方面是希望借此扩大企业客户的覆盖面，并进一步提升客户服务的体验。

这一转型需要对既有 IT 系统进行大规模的改造，还需要进行大量的系统集成工作。太平洋工伤保险公司基于 Anypoint API 平台进行开发，开始整合保单管理系统、收费系统等多个平台，全面支持公司的业务模式转型。公司系统整合整体实施过程进展顺利，很好地支持了异构系统环境的融合，把系统运行风险降到最低。

通过这次系统整合，公司承保部门和经纪人合作伙伴可以更好地协同工作，系统的易用性也大幅提升，承保成本也有所降低。

多系统整合

太平洋工伤保险公司选择了 First Best 的承保系统、DCo 的保单管理系统、Guidewire 的理赔处理系统、STG 的收费管理系统以及 SpringCM 的内容工作流程管理系统，其中 DCo 的保单管理系统为既有系统的升级，而 STG 的收费管理系统则是专门为新商业模式引进的全新系统。

所有这些系统必须要在统一的应用框架体系中相互整合联动，而 Anypoint API 平台就是整合的中心。为了将本地系统和 SaaS 应用整合，太平洋工伤保险公司在 Anypoint API 平台上同时创建了公有实例和私有实例，把内部和外部的系统安全地连接在一起。

基于 Anypoint API 平台，公司将 DCo 的保单管理系统与既有的 AS/400 保单管理系统和 STG 的收费管理系统进行了整合。

除此之外，太平洋工伤保险公司也将 SpringCM 的内容工作流程管理系统与其他内部系统整合，使内容管理的能力可以支持保险公司的日常运营流程。

为了存储日常业务中会产生的大量打印文件和通话记录，太平洋工伤保险公司还通过 API 连接开发出一些小型应用：从 STG 的收费管理系统的工作流程中生成打印文件；将通话记录存储到数据库；支持 SQL 数据库、AS/400 和其他存储系统之间的数据交换。

农业领域的API应用

农业是人类历史上最为悠久的行业领域。伴随着一代又一代的传承和弘扬，农耕技术日益精湛。

季节、土壤类型和耕种方法对于当地的农作物产量、品质都有深刻的影响。但是长期以来，我们对于农业的理解具有区域性局限。

今天，全球化农业产业和历史悠久的小农业运作模式大相径庭。除了上述的认知以外，人们还需要获得更多维度的数据，需要更多的知识和经验。

农业 API，恰恰是高科技的信息技术解决低科技问题的最佳方法，对解决农场的耕种效率和长期维护的问题也大有帮助。

农业数据的类型

对于大多数农业 API 来说，主要涉及全球数据、区域数据和本地数据。

全球数据是这些数据类型中涉及面最为广泛的，包括销售信息、国际运输路线指引、变质率等。这些数据最终将作为进出口贸易的重要参考信息。通过 API 获得的这些数据，关系到如何减少农产品变质损耗和确保国际贸易的合规，有时还会涉及一些特殊航线的运输。比如，从美国本土运往类似阿拉斯加的地方，虽然它们同属一个国家却要跨越国界运输。在这种情况下，甚至会与财务和交易 API 相关联，牵扯到财务审计等因素。

区域数据的范围也很广，尽管区域数据不涉及国际贸易，却覆盖整个区域的很多信息，如天气跟踪、农业数据、地下水位信息等。这些都是对农作物管理和区域农业合作有影响的关键数据。这类数据通常需要大量的协同合作才能采集到，比如，要把多个农场提供的本地数据聚合后，再加以统计处理才能获得区域的整体数据。这些 API 很大程度上依赖地方政府的数据，像干旱报告、征收情况等。

本地数据则具体到各个农场的信息，包括二氧化碳指标、农作物生长情况、种植与收获日期等。

全球数据和区域数据更多的是通过数据汇集与分析获得的，而本地数据更多的是通过物联网设备的数据采集和各地系统的数据交换得到的。

总体而言，通过这些农业数据得到的信息和指标，对农场和农业合作社都非常有帮助，让农场主和农民使用的数据更为精确，使农业运作更加科学化甚至更加个性化。

农业生产除要使效率和产能达到平衡之外，还要关注农业的可持续性和土地的长期稳定性。

浪费其实是农业亏损的首要原因，如何减少浪费就变得至关重要。但问题是，无论浪费来自种植方法不当还是存储时的腐烂变质，都难以量化地衡量和控制，更难以预防。而这恰恰是数据对于农业的价值所在。

通过聚合多方面的数据可以有效地减少浪费。这些数据可以指导种植方法、确定收获周期和更有效地利用水资源。控制浪费，降低变质率，就可以有效地提升收入和利润。

农业垂直领域的 API 是非常专业又极具针对性的。农业数据非常特殊，通用的天气 API 和政府服务 API 提供的信息并不能完全满足农业的要求，那些 API 提供的数据只能服务于非专业性的日常领域。

农业 API 提供的是农业方面的特有数据。只有把这些数据聚合在一起，才可以变为有用的农业信息，从而为数据提供方带来商业回报。

实践案例

ClearAg 是一个实际使用农业 API 的例子。ClearAg 提供了几个特殊的农业 API，每个 API 都有特定的功能，可以为精准农业提供支持。

现场天气 API 使用传感器数据和气象人员提供的关于降水、冰雹、霜冻、风向、温度等方面的数据，向每一个现场农业工作者提供精准种植和操作的指导。

农作物健康状态 API 则使用传感器和收集的数据以及营养成分、湿度、生长模型来监测和改善农作物的生长状态。

除上述两个 API 之外，ClearAg 还提供地图叠加、土壤条件等多种多样的功能 API，为农场提供指导和帮助。

还有一个有趣的农业 API 应用案例，那就是美国农业部的国家数据与分析局（USDA）提供的 CropScape API。这个 API 将特定的地理参照农作物数据与卫星数据叠加，然后对外提供区域和全国范围的数据参考服务。这些数据不仅提供给农民帮助其提升生产效率，还提供给大型的农产品市场和分销中心，让它们及时了解潜在的产品短缺和供应过剩的趋势。

这个 API 既有 RESTful 的，也有 SOAP 的，还支持从 CSV 到 JSON 多种数据格式。这些数据可以和其他的 API 及数据源交叉引用，最终得到各地的现场数据、种植模式数据、区域消费者行为数据等，甚至还有全国农业产业的历史数据、实时天气和预测天气的数据。这对全国农业的发展起到了非常重要的作用。

尽管经历数十年的发展，精准农业仍然还是一个新的概念。但随着农业科技的发展和物联网的普及，再加上传感器、无人机、机器人的突飞猛进，农业 API 在农业领域的重要性和影响力一定会越来越大。

制造领域的API实践

著名的空中客车是世界上第二大飞机制造企业。其制造的飞机每天执行 25000 次飞行任务，平均每 1.4 秒就有 1 次飞机起落。

面对不断增长的航空业市场，空中客车有着更大的野心。它们计划在 15 年内使客户规模增长一倍。要实现这样的目标，空中客车需要在大幅提高产能的同时，降低生产成本并持续提升运营效率。

不过多年来 IT 建设遗留下来的各种应用系统，根本无法支持如此积极的增长策略。空中客车必须彻底转型升级，从一家传统的制造企业变成数字化企业。

重新定位 IT

空中客车要彻底改革其 IT 战略，将 IT 从以往的后台支持角色，提升为企业数字战略的核心驱动力，那么 API 战略自然而然地成为数字战略中最重要的组成部分。

空中客车的 API 战略主要包括以下几个步骤：

——部署企业级的 API 管理平台，以其作为 API 战略的核心基础建设；

——大力开发可重用的企业 API，以缩短未来的应用开发周期；

——利用企业 API 封装后台系统，并充分开放业务能力和数据资源；

——向外部客户及合作伙伴提供合作 API；

——通过企业 API 将飞机制造领域的上下游价值链充分连接，在提升效率的同时降低运营和采购成本；

——通过 API 支持移动 APP 开发，以提升生产团队的工作效率。

API 驱动的解决方案

为了实现上述目标，空中客车在 IT 部门成立了一个称为“数字加速器”的团队。该团队只有一个使命，那就是基于 API 战略，推动飞机制造的数字化转型升级。

“数字加速器”团队实施的第一件事情，就是基于 Anypoint 构建起 API 管理平台。平台建好后，团队开始开发企业 API 来连接后台系统和数据资源。所有的 API 都列入统一的企业 API 目录，以供其他的应用开发者使用。

多年来，飞机制造车间的工作人员只能通过固定的终端电脑才可以访问到飞机配件、生产计划和项目进展等数据，这需要工作人员在车间里不停地查询数据。而且因为缺乏统一的综合数据视图，工作人员对流水线上的实时数据缺乏全面的了解。这些问题导致制造流程经常出现重大的延误。

现在通过企业 API，空中客车将关键的生产数据实时送达工作人员的个人手机上。这样一来，工作人员既节约了时间，还降低了劳动强度。

空中客车的企业 API 从各个系统资源中获得数据。这些数据有些来自本地系统，有些甚至来自云端，包括 SAP 的 S/4 HANA 和大数据平台 Skywise。现在只需要扫描一下飞机配件上的条码，工作人员就可以立刻获得所有相关的信息，工作效率大幅提升，新飞机的制造周期明显缩短。

之前，空中客车很难获得配件供应的实时供给状态，现在，配件供应商可以通过调用空中客车的企业 API，实时上传供应链信息，这让生产过程更加顺畅。

同样的后台 API，空中客车可以支持不同的终端应用，既可以是网页应用，也可以是移动 APP。这样，无论用户使用的是哪种终端设备，都不会影响其对数据的获取和使用。

基于这些系统能力和数据资源，空中客车鼓励客户和合作伙伴将 API 整合进其应用系统和平台之中。这不但赋能了客户和合作伙伴的应用，也使系统整合更加安全可靠。

企业 API 价值凸显

空中客车的副总裁 Chris Taylor 说："通过实施 API 战略，我们的 IT 项目速度提升了 4 倍！"

API 驱动的连接使企业的后台资源和能力直接服务业务前沿，推动了业务的发展并创造出商业价值。更好地获得有价值的数据，可以改善飞机的制造流程，从而最终加快飞机的交付速度，并提升客户体验。

Anypoint 平台上的 API 被大量地重用，不但可以减少开发成本，更重要的是缩短了产品推向市场的周期。从前空中客车的 IT 项目平均周期至少在 4 个月以上。自 API 战略实施以来，项目周期已经缩短到 4 ~ 6 周。而空中客车的下一个目标是将周期进一步缩短到 2 周。

现在，空中客车的"数字加速器"团队已经是企业中不可或缺的重要角色。而企业 API 门户更是内部和外部开发者最经常光顾的平台。在这里，开发者可以找到空中客车最新的企业 API、最详尽的开发文档和最及时的技术支持帮助。

快速消费品领域的API实践

由日本长濑富郎于 1887 年创建的西洋杂货店“长濑商店”是花王集团（Kao）的前身。今天花王集团已经成为一家提供美容护理产品、健康护理产品和家具清洁用品的综合消费品集团。

花王集团主要通过三大分销渠道进行产品销售：大型连锁超市、美容美发店和销售其 Molton Brown 品牌产品的高端渠道。花王集团的业务遍及北美、欧洲、东亚和非洲，其中大型连锁超市业务占 60%，美容美发店占 30%，而高端渠道占 10%。

为了应对快速变化的市场并实现数字化转型升级，花王集团构建了支持全球业务布局的 API 管理平台。

提升销售效率

长期以来，提高物流效率一直是花王集团供应链管理部门的最大挑战。因此，集团给 API 平台设定的主要目标之一，就是通过 API 实现和第三方物流合作伙伴的整合，以提升企业的敏捷性和市场反应速度。

伴随电子商务的蓬勃发展，花王集团也看到了实现数字化转型的机会。针对美容美发店和高端渠道，花王集团需要面对众多的供应链合作伙伴，包括美发沙龙、美容商品批发商、酒店、精品店和百货商场。另外，花王集团还有电商网站和实体店面直接面对消费者。提升这些渠道的销售效率也是构建 API 管理平台的目标。

覆盖全渠道

为了实现数字转型的愿景，花王集团一直在努力整合新渠道和既有的 B2C 平台与 B2B 平台。而新的 OneView 平台让花王集团的 Multon Brown 品牌可以直接服务零售用户。这个平台成功地与后台系统整合，让花王集团第一次可以为客户提供 360 度的全新数字购物体验。

花王集团收购 Oribe 品牌时，也接收了电子商务平台 Magento。基于 API 管理平台，Magento 很快就和花王集团的后台系统打通，让客户的购买体验更加顺畅。

随着 API 管理平台的启用，新的业务对接速度明显加快，这得益于大量可重用的 API。当年花王集团第一次整合 OneView 电商平台时，整合工作耗时 7 个月。整合 Magento，团队已经可以在 5 个月内完成工作。而最近几次收购后的平台整合，整合时间已经缩减到 3 个月。

过去，花王集团为每一个合作伙伴都要定制一个接口，这需要耗费很长的时间，平均每个合作伙伴至少需要 4 周，这样算下来，10 个合作伙伴就要 40 周的时间。而现在花王集团只需要用 4 周的时间开发 API，然后给每个合作伙伴颁发 API 密钥就基本上完成了工作。

同样的 API 在新的渠道需要对接时完全可以重用，这极大地提升了渠道接入速度，也为未来全渠道的支持做好了充分的准备。

支持多品牌

因为拥有多个品牌，花王集团也建立了不同的 B2B 网站和 B2C 网站。要把所有这些品牌资源和新的电商平台以及后台系统整合在一起，API 在其中发挥了巨大的作用。

鉴于之前 API 的成功应用，花王集团下决心不遗余力地将 API 驱动的战略执行到底。这其中也包括了基于 Anypoint 构建的 SurePayd 支付体系和 SaaS 服务。

同样一个数据源，以前移动 APP、电商平台、零售系统等 15 个系统要通过 15 个连接才能实现，而今天，一个统一的系统资源 API 就可以支持这些平台，不仅效率更高、成本更低，安全性也得到提升。

改善供应链效率

花王集团的商业模式是建立在各个国家的分销中心运营之上的。不同的分销中心和第三方仓储之间及时准确的信息交换，对花王集团的运营效率至关重要。大规模的数据交换以前都依靠传统的 EDI 来处理，现在花王集团已经逐步转向 API 模式。

之前通过 EDI 连接，花王和供应商之间基本上是异步数据交换，对数据进行全程跟踪也很困难。现在的 API 模式，不但实现了实时信息交换，而且使信息的流动更加清晰可见。因此花王集团可以更容易地将 ERP 和电商平台整合，从而进一步加强管理供应链。

通过 API 的整合，花王集团的系统可以让电商平台部门看到货物离开仓库和送达的准确时间。这是之前 EDI 系统绝对无法实现的能力。物流信息、库存信息、供应链状态等业务流程信息，现在都可以实现随时查询，这让业务部门和合作伙伴之间的沟通更加顺畅。

提升客户体验

在线零售企业早已把客户体验的期待值拔高，花王集团必须持续寻找更好的方法改善客户体验，才能留住客户。

对客户的需求给予即时的反馈，是提升客户体验的有效方法。通过 API 连通 ERP、电商平台和供应链系统，在缺货或者物流延误的时候，花王集团可以做到第一时间告知客户，最大可能地降低客户的不满意度。

比如有一个 API，可以让合作伙伴实时作出库存调整的操作，这样花王集团就可以快速地应对库存变化，让客户的体验达到最佳。

现在花王已经部署了 20 多个 API，内部超过 100 个部门在使用这些 API，外部也有 15 个合作伙伴在实时使用。这些 API 对于提升效率、降低成本和推动业务都起了非常重要的作用。

政府服务领域的API实践

新南威尔士服务计划（Service NSW）是澳大利亚的新南威尔士州政府的一项便民服务工程。这个计划旨在通过一站式的数字流程，向居民提供驾驶执照、出生证以及老年证等一系列政府服务。

一站式服务

全世界的政府机构都面临一个两难的问题，那就是如何在提升政府服务水平的同时让管理成本降下来。新南威尔士州政府希望借助先进的科技解决这个问题。

新南威尔士服务计划是为居民提供一站式的政府服务。州政府希望通过整合后台系统和数字化前端流程，在降低服务成本的同时提升服务品质。自 2013 年计划开始实施以来，居民对政府提供的服务越来越满意。

实际的执行过程当然没有说起来那么简单。为了实现上述目标，政府的 IT 部门需要应对巨大的挑战。要想向居民提供新的数字服务，就需要原来后台的人工流程变成自动化。而这样做，需要整合 40 多个政府部门和机构的系统与数据库。更麻烦的是，很多政府数据非常敏感，因此确保数据使用的安全性成为项目实施的重点。

意识到数据集成的复杂性和安全性，新南威尔士服务计划一开始就采用了成熟的 API 管理平台作为基础设施。基于 Anypoint 平台，项目组以 API 的形式连接各个政府部门的后台系统以及前端的 Salesforce CRM 云服务。这样的方式不但可以获得相关的数据，还不会干扰到既有系统的正常运行，而且可以确保敏感数据的安全。

API 让旧系统物尽其用

“既往点对点的系统连接方式确实无法应对数字服务的需求。”新南威尔士州的技术总监 Ben McMullen 感慨地说，“目前在整合的 40 多个政府机构的系统中，很多是即将淘汰的旧系统，采用的技术大部分早已过时。如何让这些系统物尽其用来满足未来的新需求，是这个项目成功的关键。我们既不能影响这些系统的正常运行，还要让它们发挥新作用，这的确非常具有挑战性。”

为了新的数字政府服务，新南威尔士服务计划项目采用了新兴的客户关系管理系统 Salesforce 作为前端平台。通过对后台的旧系统进行 API 封装，旧系统也可以方便地将数据提供给前端的 Salesforce。

Anypoint 中内置的系统连接器发挥了很大的作用。这些连接器既可以和 Salesforce 这样的 SaaS 系统直接对接，也可以连接 SAP、PeopleSoft 等传统软件系统。现成的企业级系统连接器大大节省了 API 应用的开发时间。

API 让信息更安全

新南威尔士服务面对的挑战不止是连接旧系统和外部应用。数据一旦提供给外部机构，就不那么容易管理控制了。好在 API 驱动的连接模式可以很好地解决这个问题，可以让系统更容易地跟踪和监督数据的流向和使用情况。

通过 API 驱动的连接，政府可以设定非常清晰的服务界线和安全授权，并根据规则对相关机构实行严格的管理和监督。这样一来，职责划分更加明确，数据安全更有保障。

通过 API 体系的搭建，新南威尔士服务计划推出了 800 多项数字服务，像申请驾驶执照、出生证、老人证等便民服务。而且数字服务还实现了全渠道体验，居民不但可以在实体网点的柜台办理，也可以通过网站和手机自助办理。

新南威尔士服务计划的成果是令人鼓舞的——全新的系统使政府的服务效率提升了 60%；得到数字服务的 200 万名居民也给出了高达 97% 的服务满意度。

社会服务领域的API实践

2010 年，在美国的《平价医疗法案》（Affordable Care Act）正式通过后，科罗拉多州要构建一个健康保险市场平台，用来取代联邦政府的医疗保障系统。与此同时，科罗拉多州还打算扩充本州的公共医疗补助计划。

为了确保科罗拉多州的居民可以在法案正式生效后立刻享受到新的医疗服务，州政府需要在 6 个月内构建起一套新的系统，来处理所有的在线申请。

时间紧，要求高

享受公共医疗补助计划的资格申请是要根据个人收入、公民身份和身份 ID 等信息来确认的。在过去，确定一个人是否享受公共医疗补助计划资格，大约需要 45 天的时间。居民虽然可以在线申请，但是政府工作人员还是需要手工将申请人的信息重新录入不同的系统中来确认。相互独立的系统增加了人工处理的时间。平均来说，工作人员需要至少一个半小时，才能完成一个申请的核查和审批。

然而随着互联网的普及，居民对于在线服务体验的期待值已经发生了极大的变化。人们生活在一个实时互联的世界里，方便快捷的体验早已是最低要求了。时间紧，期待值高，新系统建设的挑战之大可想而知。

之前，科罗拉多州政府将居民福利管理系统 PEAK 迁移到 Salesforce 平台上，居民已经可以在线申请公共援助福利。现在，PEAK 还需要完善实时确认医疗补助资格申请的功能。

然而要呈现给居民一个完美的体验，还需要将 PEAK 系统与其他系统进行有机的整合。这些系统中除了州政府的内部系统，还有一些属于其他的政府机构，比如社会保障管理局和联邦政府。

要与这么多的系统进行整合，科罗拉多州政府需要一套成熟的整合平台来实现各种复杂的连接，而且该平台既要支持云端整合，还要支持本地系统的对接。此外，系统的安全性也是必须要考虑的重要因素。

提升效率，降低成本

使用 Anypoint 内置的 Salesforce 连接器，科罗拉多州政府非常快速地将 PEAK 系统与其他系统连接起来，并开始支持公共医疗补助的申请和审批。这种开箱即用的功能和可重用的模板，以及图形化的开发工具，大幅提升了新系统的开发效率。

最终 PEAK 系统如期升级上线。在新的医疗改革方案生效后的 6 个月内，就有多达 27.7 万个申请获得批准。科罗拉多州政府的首席客户服务官 Antoinette Taranto 说："之前我们每个月最多只能处理 3 万个申请，而且每年还需要投入高达 3000 万美元的成本。自从新的系统投产以来，在没有增加任何人力成本的情况下，每个月可以处理 6 万个申请。这在以前简直无法想象。"

现在，公共医疗补助计划申请可以在一个步骤里处理完毕，居民还可以实时地了解自己的资格审批情况。起初，州政府预计可以让 20% 的申请人实时获得资格确认。而经过 6 个月的努力，这个比例已经提高到

70% 。自动化比例的提升，意味着每年可以节省 500 万美元的政府财政开支。

不仅如此，PEAK 系统让科罗拉多州的政府政务更加开放、透明，也让居民可以更容易地享受到政府的服务。作为政府公共服务领域的榜样，科罗拉多州政府获得多个创新奖项，包括连续两年获得著名媒体“计算机世界”的大奖。

气象领域的API实践

过去在美国，只有国家发布气象预报。1962 年 AccuWeather 出现之后，气象预报才有了品牌的概念。AccuWeather 公司是最成功的气象服务企业，公司为知名媒体、能源公司、滑雪场等顾客量身定制气象预报数据服务。

身为气象学教授，创始人麦尔斯最在意预报内容的准确度。公司雇用了 100 多位气象学家，并且在高科技设备上投入大笔资金，希望与政府发布的气象预报一较高下。

AccuWeather 网站总部设在宾夕法尼亚州立大学，拥有最大规模的气象数据，而且数据来源是独立的。它号称能预测世界任何地方的气象，同时为美国政府和企业提供气象信息。

AccuWeather 为近 20 亿人服务，其系统每天响应 300 多亿次的 API 请求。90% 的智能手机预装由 AccuWeather 支持的气象 APP。

AccuWeather 和全球合作伙伴的合作取得了巨大成功。它们提供的气象数据支持各种终端设备，不仅是智能手机，还包括具备车联网功能的汽车、智能家居设备、智能可穿戴设备、智能电视等。

创造新业务来源

不过 AccuWeather 更加希望在这些机构合作伙伴之外，可以进一步通过开放 API，覆盖数量更庞大的独立软件开发者。

如果可以和成千上万的开发者合作，也许可以创造更多的营业收入，让已经投资获得的气象数据产生更大的边际效益。

不同于之前的机构合作伙伴，使用开放 API 的开发者对于易用性和便捷性的要求要高得多。与此同时，开发者需要更加灵活的 API 收费模式和订阅计划。而在传统的合作模式中，这些需求都不是那么重要。

为了快速地构建起独立开发者更喜欢的 API 门户，AccuWeather 选择直接基于成熟的商业化 API 管理平台部署，而不是沿用既有的 API 体系。

“更快速地创新一个新的业务模式并盈利，这才是我们更关心的事情。我们希望可以触达全新的合作伙伴，让我们的气象数据结合他们的应用，然后一起创造出新的服务。也许这些独立开发者的数量今天还很少，但是他们的潜力无穷大。未来说不定谁就可以成就一番大事业，成为我们企业级的合作伙伴。”AccuWeather 的资深技术主管 Mark Iannelli 说，“因此，开放 API 的使用者更方便地申请注册，更简单地使用我们的 API 产品，选择不同的收费计划，这才是第一优先级目标。”

API 产品化

与航班信息和火车时刻表不同，有些天气数据全天都在更新。实测气象数据，比如温度、风暴预测和降雨概率等数据可能每分钟都在变化。而另一些数据，比如每天的天气预报却基本趋于静态，并不需要实时更新。

AccuWeather 基于不同的气象数据打包成不同的 API 产品，有即时天气、每日天气、小时预测以及天气指数等。这种方式可以让开发者根据自己的需要自行选择，同时也避免了没有必要的后台数据刷新，既节约了带宽也减少了电池消耗。

开发者不但可以按月订阅气象 API，也可以按照实际调用次数付费，这种灵活性对于财务能力有限的独立开发者非常重要。商业化的 API 管理平台在计费方面有现成的功能，这也减少了 AccuWeather 的 API 管理平台的建设时间和试错风险。

取悦开发者

即使已经有了更多的新产品和各种收费模式，AccuWeather 仍然投入大量的精力来吸引外部的独立开发者。它帮助开发者定制个性化产品，并提供及时的支持和帮助，更主动地为开发者排忧解难。

在 AccuWeather 的 API 门户上，开发者不但可以使用自助服务查看 API 文档，可以找到使用 API 的示范代码，进行 API 的试用和测试，而且可以非常方便地购买 API 计划。

实时监控和分析

AccuWeather 实时监控 API 的运行情况，观察 API 流量变化并关注使用者的行为，这些信息为产品和服务的不断改善提供了非常重要的参考依据。这些都得益于 API 管理平台提供的多维度的实时监控与分析工具。

在短短 2 个月的时间里，AccuWeather 的 API 门户吸引了 6500 名开发者申请注册，其中 2500 名开发者申请了 API 密钥并将 API 整合进自己的应用系统中。